好经理

经理人的九项修炼

黄大伟 著

SINCERITY LEADERSHIP

图书在版编目（CIP）数据

好经理：经理人的九项修炼 / 黄大伟著. -- 北京：机械工业出版社，2021.6（2023.12 重印）
ISBN 978-7-111-68420-6

I. ①好… II. ①黄… III. ①企业管理 IV. ①F272

中国版本图书馆 CIP 数据核字（2021）第 105902 号

好经理：经理人的九项修炼

出版发行：机械工业出版社（北京市西城区百万庄大街 22 号　邮政编码：100037）
责任编辑：李文静
责任校对：马荣敏
印　　刷：北京建宏印刷有限公司
版　　次：2023 年 12 月第 1 版第 2 次印刷
开　　本：147mm×210mm　1/32
印　　张：10
书　　号：ISBN 978-7-111-68420-6
定　　价：69.00 元

客服电话：（010）88361066　68326294

版权所有・侵权必究
封底无防伪标均为盗版

前 言

桃李不言,下自成蹊

——在新时代,好经理需要领导力

亲爱的读者:

当你打开这本书的时候,或许你将要成为一名经理人,或许你已经成了一名经理人。要知道经理人之路,不仅仅有鲜花掌声,更有荆棘坎坷。面对严峻的挑战,有些人退却了,有些人却迎难而上。这一路上只有勇敢、智慧、执着的人才能到达成功的终点,成为真正意义上的好经理。

好经理,不仅需要管理能力,更需要领导力。"领导"这种行为的历史,可能要追溯到远古时期,因为人类从来就是一个社会性的群体,其中包含了领导者和被领导者。在现今的组织中,上级岗位的人不一定就是真正的领导者,下属岗位的人也不一定就是被领导者。评判一个人是不是真正的领导者，最主要的标准是看他是否具备领导力。

领导力属于管理学的范畴，它是一门研究人的学科。在西方管理学界，关于个人的领导力发展研究的历史其实并不长。自20世纪20年代美国的霍桑实验后，学者们才开始把企业管理研究的目光转移到人的方面来。后来，道格拉斯·麦格雷戈（Douglas McGregor）提出了XY理论，亚伯拉罕·H.马斯洛（Abraham H. Maslow）、克雷顿·奥尔德弗（Clayton Alderfer）、弗雷德里克·赫茨伯格（Fredrick Herzberg）、彼得·德鲁克（Peter F. Drucker）、沃伦·G.本尼斯（Warren G. Bennis）、詹姆斯·G.马奇（James G. March）、拉姆·查兰（Ram Charan）、约翰·麦克斯维尔（John C. Maxwell）等人也提出了关于领导力的理论。以上看似漫长的发展历程，实际上至今也不过百年。

而早在春秋战国时期的中国，老子、孔子等诸子百家就已经在教化君主与世人领导之道了。到了宋朝，程颢和程颐更是把领导力的内容编进了四书五经，作为书院教学的标准教材，几乎一直沿用到清朝末年。中国古代圣贤关于领导力的思想已经绵延了几千年。

其实，领导力发展关乎每个人。它在生活中各个地方都有体现，例如在家庭、工作单位、学校、球队、军队等各类社会团体中。而且每个人都可以成为领导者。如果我们问一些成功的领导者，他们是如何成为领导者的，他们往往不能给我们准确的答案。但是至少有两点是明确的，那就是他们的阅历和刻意训练不可或缺。

"桃李不言，下自成蹊"典出《史记》，原意是：桃树和李树不说话，但是因为它们有花和果实，可以吸引人们聚集到树下，慢慢地人们就踩出了一条条小路，后来常用于比喻道德高尚者的追随者络绎不绝。这句话实际上也体现了领导者的重要特征：有美德。领导者的最高境界是修炼自我，让自己变得更好。所谓克己复礼，修己安人，内修外化，正心诚意，才能修齐治平，正是这个逻辑。

新时代的中国物质基础深厚，对大部分人来说找到一份谋生的工作，实现安居乐业的小康生活已经不是什么难事。这时的人们开始追求更高的人生目标，开始在意自己喜不喜欢这份工作，工作团队的人际关系好不好，工作有没有成就感，工作有没有机会让自己成长，工作能不能发挥自己所长和体现自身价值等。

在新时代的中国，以单纯的"经济人"和"人性本恶"假设为前提的管理理论，将越来越不适用。基于"社会人"和"人性本善"假设的管理理论，将成为主流而大行其道。

伴随高等教育普及率的逐年提升，社会人才结构也在逐步发生改变，尤其对于很多受过高等教育的人来说，他们在择业时更加注重工作的团队氛围、职业尊严、个人成长性和个人价值实现度等，而相对单调、缺乏活力和创造性的工作将越来越不受追捧。新时代的领导行为应该更加聚焦于对人的高级需求的管理方面，而新时代的领导力就是对人的高级需求的管理能力。"胡萝卜加大棒"的方式将逐渐被淘汰。

新时代，是中国走向世界舞台中央的时代；新时代，是中国管理思想引领全球的时代；新时代，是每个组织提升领导力的时代；新时代，也是每个经理人都成为领导者的时代。

我也曾是一名懵懵懂懂的职场新人，犯过很多低级的错误；我也曾心存不解和疑惑，在管理过程中患得患失；我也曾不知所措，体会过颓唐和悲观，经历过兴奋和喜悦。我曾读过 MBA，也曾担任过世界 500 强企业的高级经理人。我曾是企业的领导力项目负责人，也曾是高等院校商学院的特聘讲师。

我现在则是一名领导力的学习者和传播者，也是一名新时代的创业者。我亲身经历过从业务到管理，从管理到经营，从经营到领导的多个关键角色转变过程。我也见证和帮助过数以千计的经理人成长和成功。

本书浓缩了我十余年的企业管理经验和所见所闻的管理案例，并蕴含了西方现代管理学思想和国学思想精华，理论与实践相结合，古今中外思想相融合，是一杯萃取、调配出的"鸡尾酒"。它既是"美酒佳酿"，也是"秘药良方"。

本书全面系统地阐释了经理人应该具备的管理理念、方法和工具，力争实现让经理人"一本在手，管理不愁"。

本书可以作为新经理的必修用书、老经理的温新用书、准经理的预习用书。

我希望这本书能够像一盏灯，为你的管理旅程指明方向，带来温暖。

祝你成功、幸福！

黄大伟
2021 年 5 月

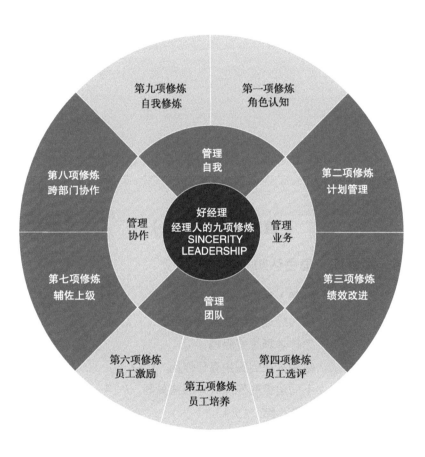

目 录

前言

管理自我篇（上）

第一项修炼　角色认知 / 2

　　经理人是谁 / 5
　　成为经理人到底意味着什么 / 7
　　怎样才算是好经理 / 8
　　经理人在组织中有何作用 / 12
　　不同层级的经理人有哪些异同 / 14
　　本章小结 / 24

管理业务篇

第二项修炼　计划管理 / 26

　　为什么要做计划管理 / 27

计划管理的基本逻辑是什么 / 28
　　什么是好目标 / 30
　　如何确保执行力 / 36
　　如何做好事前控制 / 39
　　如何做好事中控制 / 51
　　如何做好事后控制 / 55
　　本章小结 / 58

第三项修炼　绩效改进 / 59
　　为什么要分析并解决问题 / 60
　　如何发现和界定绩效的问题 / 62
　　如何分析绩效问题的成因 / 64
　　如何改进绩效 / 78
　　本章小结 / 86

管理团队篇

第四项修炼　员工选评 / 88
　　为什么要管人 / 89
　　企业员工有什么特点 / 91
　　如何进行员工的分类 / 94
　　如何进行员工的选拔 / 95
　　面试时如何提问 / 98
　　如何进行员工的评估 / 102
　　如何和员工进行绩效沟通 / 104
　　本章小结 / 109

第五项修炼　员工培养 / 110

　　培养员工有必要吗　/ 111
　　员工是如何学习的　/ 113
　　如何教会员工一项新技能　/ 118
　　新员工如何培养　/ 121
　　老员工如何培养　/ 132
　　如何针对工作不足进行沟通反馈　/ 137
　　如何来做员工的思想教育工作　/ 144
　　本章小结　/ 150

第六项修炼　员工激励 / 151

　　什么是激励　/ 152
　　为什么人可以被激励　/ 154
　　激励的重点应该在哪里　/ 159
　　如何用工作本身来激励员工　/ 170
　　如何用团队氛围来激励员工　/ 179
　　如何用成长发展来激励员工　/ 187
　　如何用薪酬福利来激励员工　/ 191
　　本章小结　/ 198

管理协作篇

第七项修炼　辅佐上级 / 200

　　为什么要辅佐上级　/ 201
　　辅佐好上级的前提是什么　/ 203
　　如何和上级进行有效的工作沟通　/ 210

什么是堵门理论 / 219
在非工作场合如何与上级沟通 / 220
上级为什么会讨厌你 / 221
企业里的"生存之道"是什么 / 224
本章小结 / 226

第八项修炼　跨部门协作 / 227

为什么要做好跨部门协作 / 228
促成跨部门协作的正确理念是什么 / 230
跨部门协作中的常见沟通问题有哪些 / 233
促成跨部门协作的常见方法有哪些 / 237
本章小结 / 244

管理自我篇（下）

第九项修炼　自我修炼 / 246

经理人就是领导者吗 / 247
修炼领导力的方式有哪些 / 259
领导者的关键特质有哪些 / 263
领导力修炼有哪些阶段 / 291
本章小结 / 300

后记 / 301
致谢 / 303
主要参考书目 / 304

管理自我篇

（上）

第一项修炼

角色认知

知人者智,自知者明。

- 经理人是谁
- 成为经理人到底意味着什么
- 怎样才算是好经理
- 经理人在组织中有何作用
- 不同层级的经理人有哪些异同

李经理今年被提拔为部门负责人。但是上任之后……

李经理正在办公室看文件,突然听见了敲门声。

李经理:"请进!"

门开了,小赵拿着一沓文件进来了。

小　赵:"经理,公司新的餐饮供应商有A、B、C三家公司,您拿个主意,看咱们定哪家好。"

李经理:"你看哪家有优势呢?"

小　赵:"其实吧,我看都差不多,具体介绍都归集在资料里了。您是领导,还是您来决定吧。"

李经理:"好,那你放这儿吧。"

小赵将资料放在李经理的办公桌上后,转身离开了办公室。

李经理继续看文件,敲门声又响了。

李经理:"请进!"

门开了,小刘拿着一沓文件进来了。

小　刘:"经理,关于招聘销售主管的事,我们面试了几个都还不错,到底录用谁,您给拿个主意吧。"

李经理:"好的,你放下吧。"

小刘将文件放在李经理的案头后,走出了办公室。

随后,又有很多人陆续进来。一沓沓新文件被放到了李经理的案头。

经理办公室的时钟已经指到晚上 23:05，下属们都已经下班了，透过虚掩的门朝里望去，可以看见李经理正翻阅着一沓厚厚的文件，时不时地揉着太阳穴……

突然，李经理的手机铃声响起，屏幕显示老婆来电。

李夫人："都几点了啊！你到底还要不要这个家了啊，公司没有你就开不下去了啊？我看别人当领导都是轻轻松松的，早早就下班回家了。您老人家倒好，自己一个人每天干到半夜。哎哟，还不如不当这个领导呢。我跟你讲，今晚你要是 12 点还不到家，我就把门反锁，你就睡在公司吧。反正你也不想回这个家！"

说罢她就挂了电话。听着电话里传来的"嘟嘟嘟……"的声音，李经理心里很不是滋味，但又不知如何是好！

　　为什么李经理会面临如此窘境呢？是因为他不懂授权，还是因为他不会管理时间，再或者是因为他不懂得平衡工作和生活？这些或许都是表面的原因，更深层的原因还是李经理对自身的角色定位不清。

经理人是谁

经理人，是指企业中的管理者，英文为 manager。

管理，是指整合各种资源以达成组织目标的行为。管理者，就是指整合各种资源以达成组织目标的人。

那么普通的员工是不是管理者呢？

有人认为员工是管理者，因为他们也在整合各种资源去达成组织的目标。

也有人认为员工不是管理者，因为他们没有下属团队，不是用人成事。

这个问题就涉及管理者的定义，认为员工也是管理者的，取的是管理者的广义的定义，而认为员工不是管理者的，取的是管理者的狭义的定义。本书探讨的是狭义上的管理者或者经理人，换言之，在本书中员工将不被视为管理者。

我们认为判断一个人是不是管理者，主要看他是否表现出管理行为。管理行为是相对业务行为而言的。比如，销售员向客户介绍产品就是业务行为，而销售经理培训销售员介绍产品的技巧就是管理行为。

经理人的具体管理行为还包括：制订工作计划、下达任务、培训员工、选拔员工、激励员工、绩效评估、组织工作会议等。

业务行为与管理行为的区别（示例）见表 1-1。

除了看是否表现出管理行为之外，判断一个人是不是经理人还有另一个很重要的评判标准，那就是承担责任的大小。通常来说，经理人承担的责任更大，而员工承担的责任更小。

如果我们拿大巴车上的两个角色——司机和乘客来做类比就比较明显了，我们可以很容易得出司机的责任更大。因此，我们会说司机更像经理人，而乘客更像员工。

表 1-1　业务行为与管理行为的区别（示例）

业务行为	管理行为
供应商资料录入	培训新员工
向客户介绍产品	组织召开部门例会
处理客户投诉	制订部门工作计划
打印文件	对员工进行思想教育
制作标书	表扬员工
维修设备	检查员工工作
给供应商打款	调整员工的薪资

司机和乘客的行为大相径庭。司机需要把握好车辆的行进方向、速度，在行车过程中始终要把握好方向盘，眼睛紧盯着前方。司机还要考虑乘客乘车的舒适度，按时停靠在各个站点，提醒乘客的人身与财产安全。

我们再看乘客。乘客的行为是各异的，可能有的人在闭目养神，有的人在低头看手机，有的人在跟别人交谈，有的人在抱怨空调不好或者汽车开得太颠，等等。他们往往只关注自己的事情，很少为整车的人着想，他们更不会太关注车外的环境和路况。乘客只要遵守乘车基本行为规范就好了。他们有各自不同的目标站点，可以半途上下车，没有对这辆车的绝对义务和终极责任。

很显然，司机肩负着更大的责任。有时为了营造更好的乘车环境，他们还会在车门口放上一束鲜花，让整车的氛围变得更加温馨。

因此也可以说经理人就像是司机,需要承担更多的责任,他们的行为举止也要受到更严格的约束。

成为经理人到底意味着什么

很多新任经理人,在刚上任之后得到的不是拥有很多资源或权利的满足感,而是事无巨细的大量工作和肩上的责任带来的压抑和焦虑感。

最显而易见的一点就是,普通员工只要对自己的行为和绩效负责就可以,但是经理人却要对整个团队的行为表现和绩效负责。成为一名经理人,就像是一个单身汉将要组建一个家庭,成为家庭的顶梁柱一样。他原来只用考虑一人的需求,现在却要考虑一家老小,肩上有沉甸甸的责任。

当然,经理人相比于普通员工的权利也是不一样的。在权利方面,经理人拥有更多的资源支配权,他可以参加高级别的会议,掌握更多的信息,获得更多的物质回报。成为经理人还将加快自身的学习和成长速度。

有一次,我在一个高新开发区的公共餐厅里用餐,无意中听到了隔壁桌两个人的谈话。

一个人说道："我跟老板讲了，还是让我回去敲代码吧，但是他不同意。我才不想做什么项目经理。我觉得自己写代码对现在的团队贡献更大。"

另一个人说道："应该是老板想重点培养你吧。现在让你带团队，以后你可以有更好的发展。"

第一个人又道："可我还是觉得写代码是我的优势。"

确实，很多新任经理人往往没有晋升之后的喜悦，相反，他们感到的是不适应和焦虑。如果恰逢其时地由经验丰富的经理人对这些新任经理人进行沟通与辅导，或许对于新任经理人的成长将会有极大帮助。或者让新任经理人参加专业的管理培训课程，也会帮助他们尽快地适应新角色。

前面说到单身汉成了家里的顶梁柱，这样的角色转变除了带来压力之外，其实也带来了很多甜蜜的体验和爱的归属，比如爱情、亲情、被欣赏、被包容、被爱、被接纳、被鼓舞等。正是因为这些所得，让我们愿意组建家庭。同样，也正是因为经理人有不同于普通员工的权利，让很多普通员工愿意升为经理人。

成长犹如蜕变，成长就意味着能力的提升和责任的增加。因此，成为经理人就是要承担"甜蜜的责任"。

怎样才算是好经理

我们以一家面馆的管理为例，这样便于大家理解。

首先，面馆经理要做到财务指标方面的收支平衡并且达到预

期的经营利润。很显然，如果不盈利，面馆将面临倒闭的风险。

其次，他要关注客户满意度、回头客占比、新客户增量等。如果口味较好、价格公道、环境整洁、服务态度好，那么客户满意度势必高，回头客也会更多。

再次，他需要不断优化服务流程。例如，原来一碗面条的平均等待时间为10分钟，现在缩短到8分钟，那么必然会减少客户的等待时间，可以使客户满意度提高。

最后，他还需要关注整个团队能力的成长，使员工在产品创新、服务创新、管理创新方面都取得进步。

只有做好这四个关键方面，面馆才能经营好。

好经理和好员工的关注点是有天壤之别的。好员工往往只关注绩效表现，而好经理却要关注更多。上述面馆案例"麻雀虽小，五脏俱全"，可以体现出好经理的评价标准，至少应该包含如下几个。

第一，经理要帮助组织创造高绩效。

一个组织存在于社会当中，必然要达成自己相应的一些使命。作为营利性的组织，企业通过创造产品和服务来满足社会的需求，从而实现自身的价值，然后获得来自客户或者用户的回报。企业要把别人口袋里的钱变成自己口袋里的钱，即企业必须要盈利。

这是为什么呢？因为企业要承担社会责任，包括提供产品或服务、吸纳劳动力、对外采购、依法纳税、参与公益等。如果一家企业不盈利，那么它就无法持续地为社会做贡献，无法承担自身的社会责任。

同时，还有一些其他社会组织，它们是非营利性的组织。这种组织包括学校、医院、公益组织等，它们的存在是为了提供公共服务，它们通过提供公共服务来获得相应的财政支持。但是不管是营利性还是非营利性的组织,其经理都要帮助组织去承担使命和职责,创造高绩效。

举个例子。企业要赚钱,那我们首先会认为企业里面的经理要能够去解决财务方面的问题,通常会关注成交总额(gross merchandise volume,GMV)和毛利(gross profit,GP)。如果我们是某个职能部门的经理人,我们不直接创造利润,但是我们可以关注关键绩效指标(key performance indicator,KPI)、目标与关键成果(objectives and key results,OKR)等。

只有经理人把组织的社会责任承担好,组织才会获得更多的外部资源回报,比如更多的股东投资、资金支持,更多的政策制度支持等,进而实现组织的可持续发展。

第二,经理要帮助组织树立良好的口碑。

除了绩效方面的评价维度,经理人所服务的客户的满意度也是决定组织是否可以持续发展的根本性要素。客户满意的重要体现形式就是客户忠诚和口碑传播。

有的经理人会想:"我管的是职能部门,又不是业务部门,我不出去赚钱,我又没有客户。"这种想法是错误的。我们身在一个组织里面,必然会有工作上相关联的协作者,如工作流程上下游的人或者部门。

我们认为这些协作者叫作"内部客户"。

例如,对人力资源部门来说,业务部门就是其内部客户。当业务部门人手不足的时候,人力资源部门需要帮它们进行招聘;当它们的人员能力不足时,人力资源部门需要帮它们做培训;当它们人员薪资和绩效不匹配时,人力资源部门需要帮助它们调薪。

给客户解决问题,帮助客户创造价值,使客户对产品和服务满意,才能使客户变得忠诚。老客户的持续业绩贡献,对绝大部分企业都是至关重要的。如果因为种种原因导致老客户流失，将会导致企业营销资源的极大浪费。开发一个新客户的成本要远大于维护好一个老客户的成本，而维护好老客户最核心的要素还是将我们的产品和服务做好。

第三，经理要帮助组织持续提高运营效率。

究竟如何让你的客户更满意呢？这就是经理人要思考的问题了。降低价格、提升品质、改善服务等，是提高客户满意度的主要方法。但是这些使客户满意度提高的方法都要以组织内部的运营效率提高为基础。

运营效率的提高，包括流程的优化、工序步骤的调整、原材料的节省、加工方式的改变、设备工具的更新迭代等。这样的案例比比皆是：因为后厨的煮面设备更新了和食材的加工顺序调整了，面馆提供一碗面条的速度更快了；因为升级了物流信息管理系统，物流速度提高了；因为开通了网上办理的通道，车票购买的便捷性提高了。

互联网思维中有一条叫作"极致思维"。在这种极致思维下，产品和服务的评价等级只有两个，一个是极致地好，另一个是其他，没有"较好""良好""一般"等中间等级。对于很多企业而言，如果产品和服务体验不能做到极致地好，企业就会丧失市场竞争力。

"不创新，就灭亡。" 这是福特公司创始人亨利·福特的一句名言。

华为创始人任正非讲过：**"创新就是在消灭自己，但你不创新就会被对手消灭。"**

唯一不变的就是变化本身，因此经理要以变应变，不断依靠创新来提升组织的运营效率。

第四，经理要帮助组织持续优化团队。

人力资源是企业的第一资源,也是可以持续开发和增值的资源。 很多企业家和经理人都十分注重团队的能力建设。

　　如果我们的团队始终只能满足于现有业务的处理能力,那么我们的团队在面对未来挑战时,必然会成为组织中的落后者,甚至会拖组织的后腿。如果团队成员没有持续成长和进步,那么这对于企业的持续竞争能力发展将是比较大的阻碍。团队具有学习创新能力,是组织运营效率提升的基础,是企业客户满意度提高和业绩增长的内核。

　　著名学者彼得·圣吉(Peter M. Senge)就提出过"学习型组织"的概念。他认为,现代企业需要通过培养整个组织的学习气氛,充分发挥员工创造性思维能力,进而成为一种有机的、高度柔性的、扁平的、符合人性的、能持续发展的组织。这样的组织具有持续学习的能力,具有高于个人绩效总和的综合绩效。

　　另外,好经理还应该为组织培养和输出优秀的人才。

　　综上所述,如果一个经理在以上四个方面都有突出的表现,那么基本上可以被认为是一个好经理了。

经理人在组织中有何作用

　　经理人除了要关注"绩效、口碑、效率、团队"四个方面之外,具体要如何入手开展工作,来彰显其个人的价值呢?全球最知名咨询公司之一,盖洛普公司给了我们一个不错的参考答案。

　　盖洛普公司曾经通过一次调查发现了一个结论,即一家企业的股票增值和一线经理有很大的关系。这个结论是用一条"S"形的路径来表示的,叫作"盖洛普路径"(见图1-1)。

　　盖洛普路径显示:一家企业的股票增值,来源于这个企业实际利润的增长；企业实际利润的增长来源于企业的可持续发展；可持续发展来源于忠实的客户；忠实的客户来源于敬业的员工；敬业的员工来源于优秀的经理对员工关心的关键性问题的管理；经理人要想让员工变得敬业，还有两个前提：一是发现员工的优势，二是因才适用。

盖洛普公司的调研结论告诉我们一个事实，那就是**"加入企业，离开经理"**。一个员工加入一家企业，可能是因为这家企业提供的岗位、薪资待遇或这家企业的品牌等能满足员工的需求，但是一个员工离开一家企业的原因，往往与他的直属上级有关。因此，经理人是否具备足够的管理能力和综合素养，对于一家企业的长远发展是至关重要的。

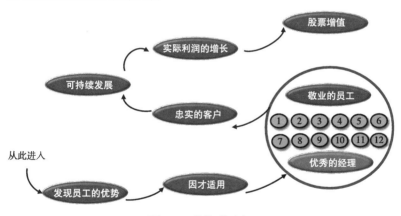

图 1-1　盖洛普路径

另一个事实是，作为基层的一线经理人，对于企业的作用可以比喻成**"帮助主动脉打通微循环"**。企业就像人体一样，有的人到了冬天手脚冰冷，是因为他们身体局部的血液微循环不好。作为企业经理人，尤其是一线经理人，我们就要帮助企业这个主动脉，打通它"手脚"等局部的微循环。

经理人在员工面前就代表着企业，其一举一动都体现着企业的文化导向。虽然有时候，经理人自己的风格和企业的文化导向不一致，但是对于员工感受影响最大的还是他们的直接上级。

如果把企业的文化比作"气候"的话，那么经理人所营造出的部门团队氛围就是"天气"。比如说春季总体上是风和日丽、鸟语花香的，但是恰好某几天阴雨连绵，那么人们在这几天出行的时候就会考虑带上雨伞。这就说明了"天气"对人的行为的直接影响更大，而"气候"对人的行为的直接影响相对更小。

所谓"县官不如现管"，作为基层一线的经理人对于企业的发展也是至关重要的。

不同层级的经理人有哪些异同

一般来说，企业中经理人的层级可以划分为高层、中层和基层。不同层级的职责、工作方式和能力素质要求各有差异。

高层经理人的职责主要有企业战略规划、领导变革、经营管理、投资融资、企业文化建设及其他重大决策工作等。中层经理人的职责主要在于根据高层决策的要求，组织各种资源，通过组织流程、标准、制度、工艺、技术、设备的调整优化，来确保战略落地。基层经理人的职责主要在于按照既定的计划、流程、标准、工艺、资源等采取行动，以保质保量地完成任务。

因此，也有人用一句话来分别说明各层级经理人的管理工作，即：

高层经理人，做正确的事情；（强调战略方向的重要性）

中层经理人，正确地做事情；（强调执行方案的节约性）

基层经理人，把事情做正确。（强调操作方法的规范性）

管理者的三大技能

不同层级的经理人在能力方面也存在一定差异。1955 年，罗伯特·L. 卡茨（Robert L. Katz）在美国《哈佛商业评论》上发表了《高效管理者的三大技能》，文中提出了三大技能的概念。这三大技能分别是：技术技能、人际技能和概念技能。

- 技术技能：运用管理者所监督的专业领域中的惯例、技术和工具的能力；
- 人际技能：成功与他人打交道并沟通的能力；
- 概念技能：把观念设想出来并加以处理的能力，以及将关系抽象化的能力。

这三大技能在不同层级的管理者身上体现的含量、占比是不一样的（见图 1-2）。

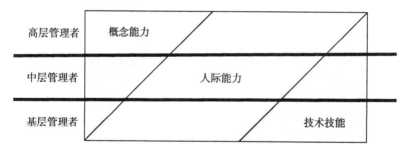

图 1-2　企业中不同层级经理人的职责和能力要求

技术技能

基层管理者在技术技能这一块要求很多，因为他们需要了解客户和团队成员的具体情况，并给下属员工具体明确的、可执行的操作方法。比如说销售团队的基层人员，就需要懂得客户需求、客户心理、产品知识、促销政策和客户异议的处理等。他们可以采用 F-A-B-E 法则（特征是什么，优点是什么，好处是什么，证据是什么）进行销售。生产制造团队的基层人员就需要掌握工艺、流程、设备、工具、材料等基础知识和技能。

技术技能是基层需要具备的技能，但是到了高层就不一定需要了解详细步骤和操作细节了。所以对于高层经理人来说，对于技术技能的要求反而不是很高了，他们只需要知道评价基层工作结果的标准就好了。

人际技能

人际技能是高、中、基层管理者都需要具备的一种能力，它在各层级能力构成中的占比情况相当。因为不论什么层级的经理人都需要跟人打交道，正确地表达自己的观点，倾听别人的意见，体察别人的情绪，领悟别人的言外之意，处理好人际关系，促进团队的合作等，这些都属于人际技能。

上级说："等你有时间了，记得把这个事情处理一下。"作为下属的我们就真的等有时间了再去处理吗？

客户说："要是产品的这个问题暂时解决不了，那就放一放，没关系的。"那么，我们就真的对存在的问题熟视无睹、置之不理吗？

概念技能

概念技能是指在不确定、不完全又不稳定的繁杂信息构成的混沌状态中，做出相对科学的决策的能力。这种能力是将不规律的"点"连接成"线条"，将"线条"构建成"平面"，再将"平面"组合成"立方体"，最后将"立方体"融入"生态系统"并进行交互运转的能力。这种工作并没有任何现成的、可参考的标准答案，因此这种工作所需要的能力就是一种"无中生有"的能力。具有概念能力的经理人能准确把握组织和单位内的各种关系，为识别问题的存在，拟订可供选择的解决方案，挑选最好的方案并付诸实施，提供便利。

高层经理人需要具备很强的概念能力，需要做很多模糊的决策。但是基层经理人则不是很需要这种能力，他们面对的大多是具体的业务性工作，而这些工作有具体的方法、标准、规范，甚至有标准作业程序（standard operating procedure，SOP）。所以高层经理人对概念技能的要求是最高的，中层次之，基层最少。

用一个形象的比喻来说，就是：技术技能，见山是山；人际技能，见山不是山，可能是水；概念技能，见山不仅是山和水，还有花鸟虫鱼、雪雨风霜、日月星辰等。 如果说做好管理工作，基层经理人需要的是"智商"，中层经理人需要的则是"情商"，而高层经理人需要的是"胆商"和"创商"。

《论语》中的"知者不惑，仁者不忧，勇者不惧"，大意是"聪明的人不会困惑，仁德的人不会焦虑，勇敢的人不会畏惧"，正好基本可以匹配这三个层次经理人的关键能力差异。

在这里，我们要说：基层经理人不困惑，是因为有标准和规范；中层经理人不焦虑，是因为可以左右逢源；高层经理人不畏惧，是因为没有最佳决策。

领导梯队模型

关于各层级经理人的职责和能力要求的差异,《领导梯队:全面打造领导力驱动型公司(原书第2版)》[⊖]这本著作做了充分的阐述。当代著名学者拉姆·查兰在该书中阐述了通用电气(GE)公司内部管理层级的差异,及对应层级管理岗位的经理人的能力素质要求的差异。其中对于个人贡献者、一线经理、部门总监的描述,对绝大部分企业都具有参考价值。领导力发展的六个阶段见图1-3。

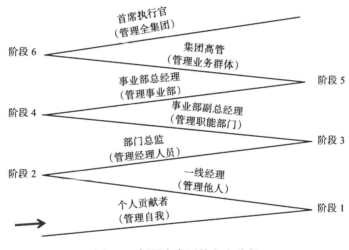

图1-3 领导力发展的六个阶段

个人贡献者

首先,我们一起来看个人贡献者。个人贡献者主要包括基层的员工、各类中高级技术专家等。他们没有下属,不带领团队,工作成果主要跟自己个人努力相关。

⊖ 本书于2011年由机械工业出版社出版。

企业对个人贡献者的能力素质要求，主要集中在**职业素养、专业技能和高绩效表现**三个方面。其中的职业素养是和领导力最为相关的能力素质，也是一个职场人赖以立足的基本要求。很多个人贡献者在企业中长期得不到提拔和重用，正是因为他们的职业化程度低，也就是通常所说的职业素养差。新入职的大学生就会有职业素养不足的表现，比如没有责任心、没有结果意识、不懂处理人际关系、藐视工作纪律、不善于管理负面情绪、任性、抗压能力差、喜欢单打独斗等。因此，在一些规模较大的企业中，通常新入职的大学生要接受一系列职业素养的课程训练，具体的课程内容包括：角色认知、商务礼仪、情绪管理、时间管理、任务管理、沟通技巧、思维与表达、团队协同、个人IP打造等。

一线经理

一般来说，一线经理（基层主管）大都是从优秀的基层员工提拔上来的。企业希望新任一线经理迅速进入角色，承担更大的责任，但是由于缺少必要的培训和实践，所以他们往往一开始表现欠佳。此时企业就增添了一名平庸的经理，而失去了一名优秀的员工。《领导梯队》一书告诉我们，对一线经理工作理念、时间管理和领导技能等的综合要求与对个人贡献者的要求完全不同，具体如下。

在工作理念方面，一线经理要重视管理工作，而不是凡事亲力亲为，要通过他人完成任务。

在时间管理方面，一线经理要将部分时间用在管理工作上。

在领导技能方面，一线经理需要具备管理工作计划、知人善任、分配任务、激励员工、教练辅导和绩效评估等技能。

部门总监

随着一线经理的日渐成熟，他们中的一部分人会被提拔为部门总监（中层经理人）。但是到了新岗位上，新总监发现伴随着下属团队人员数量的激增，自己的时间更加不够用了，甚至有时候一些重要不紧急的工作就被抛到了一边，结果是"捡了芝麻，丢了西瓜"，吃力不讨好。他们殊不知对部门总监的要求和对一线经理的要求又有巨大的差异。对部门总监的综合要求具体体现在以下三方面。

在工作理念方面，部门总监要意识到管理工作比个人贡献重要，要重视其他部门的价值和公司整体利益。

在时间管理方面，部门总监要把主要精力用在管理工作上。

在领导技能方面，部门总监要能够做到：选拔人才担任一线经理；为一线经理分配管理工作；评估一线经理的进步；教练辅导一线经理；全局性地考虑问题，做好跨部门的有效协作。

部门总监和一线经理之间的差别主要有以下几点。

- 第一，管理对象上的差别，部门总监的管理对象应该是一线经理，而一线经理的管理对象是每个员工。但是很多部门总监会犯"一竿子插到底"（每一个员工都要管）的错误，使自己疲惫不堪；同时，一线经理的威信也会因此被削弱，个人领导力成长和责任担当积极性受到严重抑制和打击。
- 第二，部门总监需要具有大局观，需要重视跨部门的协同。因为一个大部门往往承担了企业的一个不可或缺的职能，而企业的整体行为必须要求各个部门的协同配合。一线经理主要对直属上级负责即可，但是部门总监对上级负责的最好方式就是做好跨职能部门的协同，帮助企业行为更加高效。部门总监通过对外的协作也能够为本部门的发展争取到更多的资源支持。

- 第三，在时间精力的分配方面，部门总监需要花大部分时间来做管理工作，而一线经理只需用小部分时间来做管理工作。因为一线经理是"带着人干活"，自己也干活。他只是"大兵小将""兵头将尾"，他既是最大的"兵"，又是最小的"将军"。而部门总监则不同，他们有更多重要的管理工作要做，如果只顾埋头拉车，不抬头看路，就难免因小失大。

部门总监和一线经理之间的差别如表 1-2 所示。

表 1-2 部门总监和一线经理之间的差别

	部门总监	一线经理
工作理念	管理工作比个人贡献重要 重视其他部门的价值和公司整体利益	重视管理工作，而不是凡事亲力亲为 通过他人完成任务
时间管理	主要精力用在管理工作上	将部分时间用在管理工作上
领导技能	选拔人才担任一线经理 为一线经理分配管理工作 评估一线经理的进步 教练辅导一线经理 全局性地考虑问题，做好跨部门的有效协作	工作计划 知人善任 分配工作 激励员工 教练辅导 绩效评估

高层经理人

关于高层经理人，《领导梯队》一书中将其划分为多个层级，包含事业部副总经理、事业部总经理、集团高管、首席执行官。对于高层经理人来说，工作理念、时间管理和领导技能方面也有更高的要求。综合来看，还是论述了高层经理人对企业综合运营的能力，其中包括：战略管理、组织变革、文化重塑、流程创新等。

高管的工作方式，大多数时候表现为与人沟通。

有一位高管在家休假期间,他 5 岁的儿子问了他一个问题。

儿子:"小强的爸爸是医生,负责给病人看病。萱萱的爸爸是司机,负责驾驶高铁。爸爸,你的工作是做什么啊?"

爸爸:"爸爸平时的工作就是说话。"

儿子:"那爸爸你是相声演员吗?"

爸爸哈哈大笑,不知道该怎么回答他的儿子了。

但是这位爸爸说的确实是实情,他的主要工作方式就是"说话"。他每天要和内部各个部门负责人开会,要与合作伙伴进行商务洽谈,要面对媒体的采访,要为业绩表现优异的团队发表讲话,要面试和评估总监职位的候选人,等等。

综上所述,作为经理人,我们可以对标以上参考标准,结合所在企业的规模和组织结构等实际情况,合理校准自我的角色定位,更有针对性地完善自我。这样的参考标准,既是一个坐标系,也是经理人职业发展的指路明灯。

虽然不同层级经理人的能力素质要求有差异,但是共有的能力素质主要包含:管理自我、管理业务、管理团队、管理协作 4 个主要方面。

这 4 个方面也可以细分为 9 种能力：角色认知、计划管理、绩效改进、员工选评、员工培养、员工激励、辅佐上级、跨部门协作、自我修炼等。

我们将在后续各个章节中逐一阐述这些内容。

·本章小结·

经理人，是指企业中的管理者。管理者，是指整合各种资源以达成组织目标的人。

成为经理人，意味着要比员工承担更大的责任，具备更强的能力。

好经理的4个评价标准是：帮助组织创造高绩效，帮助组织树立良好的口碑，帮助组织持续提高运营效率，帮助组织持续优化团队。

经理人对敬业员工的培养发挥最直接的作用。

高层经理人，要做正确的事情；中层经理人，要正确地做事情；基层经理人，要把事情做正确。

经理人应该具备的三大技能分别是技术技能、人际技能和概念技能，各层级经理人所需技能的含量占比不同。

不同层级的经理人，在工作理念、时间管理和领导技能等方面存在一定的差异。

管理业务篇

第二项修炼

计划管理

预则立，不预则废。

- 为什么要做计划管理
- 计划管理的基本逻辑是什么
- 什么是好目标
- 如何确保执行力
- 如何做好事前控制
- 如何做好事中控制
- 如何做好事后控制

为什么要做计划管理

"人无远虑,必有近忧",做好计划管理是经理人必备的首要技能,如果没有计划和远见,我们遇到问题就会寸步难行。计划,不是企图预测未来会发生什么。计划是一个用来充分思考的工具,思考你如果能够拥有所期望的未来,现在就需要做的工作,采取什么行动。

做好计划管理除了可以明确未来的方向,指引当下的行动,还可以有效协调有限的资源。如果没有有效的计划管理,必将造成组织资源的巨大浪费。计划管理考验的是经理人的计划能力,如何"用十个手指弹钢琴",如何用有限的资源去争取最终的胜利。

从某种意义上来说,计划能力可以代表一个经理人的管理能力。一个人如果没有计划性,必将丢三落四,手足无措,最终一事无成。一个组织如果没有计划性,必将导致秩序混乱,矛盾不断,资源浪费,人员迷茫低效,最终导致组织分崩离析,走向灭亡。

组织里的计划管理体系,就是令行禁止的执行保障体系,也是组织"生命体"的骨架和神经系统。**在组织中,计划管理体系和文化理念体系并存,一个是严格的刚性要求,一个是宽容的柔性主张,就像"严父"和"慈母"一起呵护组织"生命体"健康生活、茁壮成长。**

计划管理工作是一个系统性工作，对不同层级经理人计划管理能力的要求也各不相同，一名基层员工做好一周的工作计划就很好了，一名基层主管做好一个月份或季度的工作计划即可，而一名中层经理可能要做好一个年度的工作计划，
一名高层经理人就需要做好几年的工作计划。

基层员工的计划管理细致到具体的每一项工作的任务，经理人的计划管理细致到每一个项目，不同层级的计划细致程度是不一样的。高层经理不可能管理到每一件事情，基层也不应该去考虑战略层的事情。因此，高层的计划管理，叫作战略管理；中层的计划管理，叫作业务规划；基层的计划，就叫作计划管理。

不同层级的计划管理工作，是一个协同的整体，而且是以上级的计划来统率下级计划，下级的计划对上级的计划负责。

虽然有很多新兴的研发型和创新型的组织诞生，在这样的组织中，人们对于预期的目标成果无法进行预测，因此有人提出了不能用做计划来约束了，直接"走到哪里是哪里"，但是研发创新项目的研发时间长度、研发资金预算、研发目标成果预设、产品预期收益等关键要素，仍然是需要提前做预估和计划的，即使这种预估和计划不能十分精准，但是也不可或缺。

计划管理的基本逻辑是什么

在组织中，每项工作都源于一个工作目标。先有一个明确的目标，再制订行动计划。计划制订的下一步是组织工作，组织工作就是要去沟通协调人、财、物等各种资源。组织工作完成之后，便开始付诸行动。

在工作开始实施之后，难免会有人员在能力和态度方面存在不足，这就需要经理人对人员进行能力方面的指导和态度方面的引导。当工作进行一段时间之后，经理人就需要检查工作。当发现了一些问题和不足时，经理人就需要与团队和相关人员进行沟通反馈，并着手进行调整改进。在调整改进之后，经理人还应该即时地进行多次过程评估，以确保工作目标的达成。

最后，当工作任务结束的时候，经理人要对工作做整体的总结，主要是将结果和目标进行比对。如果结果优于或等于目标，结果就可以称为"成果"——成功的结果；如果结果劣于目标，这样的结果就叫作"苦果""后果"或"恶果"，因为这是大家都不愿看到的。**经理人做工作，不应该以"结果"为导向，而应该以"成果"为导向。**

总结之后还要论功行赏，奖优罚劣。然后，再带领团队投入到下一个工作循环中去。这样周而复始地做好工作的全过程管理，就可以确保团队的执行力。其中任意一环缺失，或者出现问题，都可能导致工作任务的失败。

这样围绕着工作目标开展的一系列管理行为，我们都可以称之为"执行"的行为。如果我们说一个人或一个团队具有执行力，那么就应该表示这个人或团队具有达成工作目标的能力。这是一个由各项管理行为组合构成的循环圆圈，也可以称之为"执行圈"（见图2-1）。

真正的执行力，不是快速行动、照着做的能力，而是"多、快、好、省"达成目标的能力。

图 2-1　执行圈

什么是好目标

目标,是计划管理的出发点和落脚点。目标是君,计划是臣;目标是目的地,计划是行程安排;目标是靶心,计划是拉弓射箭;目标是心愿的具体化,计划是行动的策略化。目标先于计划,计划服务于目标。

我们有时候说自己很忙,但是到底是因为什么呢?或许不是时间不够用,而是"盲"和"茫"——盲目和茫然。如果没有目标,就没有行动方向。对于没有方向的航船而言,什么风都是逆风,因此目标是灯塔,是指南针。

还记得大学一年级刚入学的班会上,同学们都轮流发言,大部分同学都做了自我介绍,讲了一些对大学生活的向往,以及很高兴见到大家之类的话。其中有一位身材很娇小的女生,轮到她发言的时候,她说:"其实我本来是要考清华的,但因为种种原因,这次没考上,所以我准备用大学四年的时间考回清华。"后来,到了四年大学本科毕业的时候,她真的考上了清华。

回想那段大学的四年时间,我们和这位女生的大学生活内容就有很多的不同。她定下要考清华这样一个目标之后,在校的时间精力分配是不一样的。她天天去上自习,用心学好英语,把考研要做的准备工作都做到位。再看看很多不考研的同学平时在干什么呢?"大三、大四不考研,天天像过年",大家平时大多时间是在吃喝玩乐。

所以,有目标的人和没有目标的人的行为是不一样的,最后的结果也不一样的。

成语"有志者事竟成",就说明了目标的重要性。

一个人或一个团队,只有拥有了自己的目标和志向,并且通过行动的努力让别人知道后,才会得到别人的认同、支持和帮助。一个好的目标,对内可以凝聚人心,对外可以吸引资源的支持。

在上课的时候,我经常会问学员三个问题,这三个问题的答案是有共同点的,但是大家往往很难回答出来。这三个问题具体如下。

- 在青梅煮酒论英雄时,曹操为何说刘备是英雄?
- 给员工的最好的激励是什么?

- **开车什么时候最费油？**

我设置的正确答案分别是：刘备有复兴汉室的目标、给员工一个清晰的目标、搞错目标而走错路的时候。这三个问题答案的共同点就是，它们都关于"目标"。

同样，在企业经营管理过程中，因为战略目标的问题导致企业失败的案例也不胜枚举。因此，能否设置清晰、明确、坚定的目标十分重要。

那么，好的目标究竟应该是什么样子的呢？

好的目标，应该是清晰明确的。做什么，什么时候完成，做到什么程度，用什么标准去衡量，用什么方法去评估，这些都是好的目标应该写清的。如果目标的内容含糊不清，时间节点不明，又缺乏完成的评判标准，那么执行者将无从下手，最终目标是否实现也无法确定，那么这个目标就将失去实际意义。

好的目标，应该是难度适中的。适中的难度，是指既不太难，也不太容易。如果目标太难实现，团队会增加畏难情绪，失去信心；如果目标太容易实现，团队会消极怠慢，失去斗志。这两种极端都不利于目标的实现和资源的节俭。我们把目标的难度和绩效之间的关系比喻成拉弓射箭。如果弓拉得太满，可能会折断；而如果弓拉得不满，箭又飞不远。也就是说，只有难度达到某个适中的数值，绩效才会是最高的。如何设定难度适中的目标，这就需要经理人在实践中根据团队的能力、企业资源、行业水平、外部环境等综合判断来设定。其中团队的能力有多大，往往需要很多轮次的压力测试才能获取较为准确的数值。"人无压力轻飘飘，压力太大折断腰"。

在管理实践中，很多目标是自上而下地下达的，目标任务的执行者是被动接受的。这样的目标设定势必造成下属团队的不理解和消极抵抗情绪。因此，如果通过前期的充分沟通互动，再进行目标的设定会更有针对性。

好的目标，应该是有意义、有价值的。这里所说的有意义、有价值的目标的衡量标准，主要是看这个目标和企业的使命、愿景、核心业务是否关联。如果下属不能意识到目标任务的价值和与企业的关联性，他们就会提不起精神，甚至只是敷衍地执行任务。设定有意义、有价值的目标，有利于提升下属团队的使命感和责任感。

好的目标，应该是相对稳定的。目标一旦飘忽不定，就像靶心在动，射箭者就无法瞄准射击，对于下属团队来说，他们将无所适从，陷入混乱，最终导致资源的巨大浪费，他们也会无功而返。"不忘初心""坚守初志"和"有志者立长志，无志者常立志"都说明了这个道理。

"唯一不变的就是变化本身。"目标需要稳定，但是也需要根据实际情况适时适度修正和调整。在管理实践中，企业组织架构调整、人事变动和外部环境变化都可能会导致目标的变化。一旦目标发生了变化，经理人就需要及时和下属团队沟通解释，并帮助他们重新制定应对方案，而不应该带头抱怨、推脱责任、消极抵制。

我们举个例子来看一下。

张先生，30周岁，身高172cm，标准体重应该在130～140斤之间。他给自己设定了一个减肥目标。他的目标是：在一个月之内，把现在140斤的体重，变成120斤，减重20斤。

为了更好地实现这个减肥目标，张先生还制定了其他几个目标作为辅助，包括在这个减肥月内每天步行10 000步，每天只吃1顿正餐，每天7点起床23点睡觉。

张先生在这样坚持了一周之后，他听从朋友的建议，修改了减肥的目标。他把新的目标体重调整为 130 斤。减肥月结束了,最终他减肥成功,体重下降到了 130 斤。

案例中的减肥目标,是一个好目标吗?一开始,它应该不是一个好目标,因为虽然它清晰明确,但是难度偏大,也没有什么实际意义,反而会影响到张先生的健康;经过调整后的目标变得难度适中,也有实际意义了。

好的目标,还应该是系统有序的。当出现多个目标的时候,各个目标不应该杂乱无章和相互冲突,而应该系统有序。这就需要经理人将目标进行排序,分出"轻、重、缓、急"。

所谓轻重,主要是看各个目标对企业大目标的影响大小,如果某个目标不达成将会导致其他目标都无法达成,那么这个目标就是重要的。比如说"身体是革命的本钱",这句话就说明了对于一个人来说,保持身体健康是重要的目标。如果某个目标不达成,对整体的影响也不大,那么这个目标就是相对轻的目标。比如说"人靠衣装马靠鞍",这句话说明穿着打扮的重要性,但是如果战士们穿着功能相同、只是款式老旧的衣服会影响到革命打仗吗?显然不会。因此,对于一个战士来说,穿着时尚就不是一个重要目标。我们这里所说的轻重都是相对的,对革命打仗来说,身体健康远比穿着时尚更重要。衡量一个目标的重要性,还可以看这个目标失败后，我们能否承受其带来的后果。如果后果很严重，那么这个目标就是重要的；反之就是不重要的。经理人要区分清楚"雪中送炭"和"锦上添花"。

所谓缓急，主要是看这个目标距离截止时间的长短。

围绕目标的重要性和紧迫性，目标可以分为：重要紧急、重要不紧急、紧急不重要和不紧急不重要这四大类。一般来讲，对于重要紧急的目标，应当排在最前面马上做；对于重要不紧急的目标，应当排好计划坚持去做；对于紧急不重要的工作目标，应当降低标准做；对于不紧急不重要的目标，就可以有时间再做。

- 目标等于目的吗？
- 为什么我们不把目的作为管理的出发点和落脚点？
- 目标、目的和任务之间是什么关系？

我们先看一下这个小故事。

有一个老和尚带了两个徒弟去云游，他们来到山里面。老和尚说："为师口渴了，你们每个人给我去打一碗水。"两个徒弟都按照吩咐前去打水。

不一会儿大徒弟回来了，大徒弟说："师父、师父，前面河里面没有水了。我看到这个河都干了，鱼都死了。所以我就先回来了。"师父说："好，我知道了。你先休息一会儿吧。"

又过了一会儿，二徒弟回来了，说："师父、师父，前面河里面真的全部都干掉了，我又跑到旁边的几个地方也没找到水，后来我发现有一颗苹果树，我摘了一个苹果来给您吃。"师傅吃了苹果，解了口渴，他很高兴。

从以上的小故事可见，打水是任务，打到饮用水就是目标；解渴，是目的。大徒弟关注的是目标，二徒弟关注目标的同时兼顾了目的。

任务，包含目标和目的。

目的是为什么做，包括工作的背景、意义、价值等。目标是做什么，做到什么标准。

目标就是 what，目的就是 why。目标和目的两者共同构成任务。

目的是根本，目标是为目的服务的。如果把任务比喻成一枚鸡蛋，目的就是蛋黄，目标就是蛋清。

为什么我们不讲目的管理，而强调目标管理呢？因为目标是明确的、可衡量的，而目的是模糊的、不好量化的、不好衡量的。因为目标好衡量，所以才让管理有抓手。

但是对于目标管理，我们也不能教条，只有兼顾目的才能更好地完成任务。如果教条地坚持目标的达成，按照打水任务完成的衡量标准，就是用碗装上一种化学分子是 H_2O 的液体，该液体温度在 1～99 摄氏度，体积为 300 毫升，未被污染过。一碗油或一碗酒精都不行，更不用说是苹果或者什么其他东西了，那么师傅就可能解不了渴了。

如何确保执行力

农民们都知道，庄稼种到地里只是一个开始，不能坐等着秋天的丰收。

影响一项工作目标达成的因素有很多，对于确保工作目标顺利达成的一系列管理行为，我们都可以称之为控制行为。可以说没有控制就没有成果。按照时间对控制行为进行划分,可以分为事前控制、事中控制和事后控制。

那事前控制、事中控制和事后控制,到底哪个更重要呢?

我们首先要明确的是:三者都很重要。另一个普遍认同的观点认为,事后控制不如事中控制重要,事中控制不如事前控制重要。这是因为,把工作做在前面,做好事前控制,对组织资源的浪费是最小的。

《扁鹊三兄弟》的故事就很好地说明了这个道理。

扁鹊是古时候的一个神医。有一天,魏文王问扁鹊:"你们家有三个兄弟都是学医的,到底谁的医术最高明呢?"扁鹊说:"我的医术是最差的,最好的是大哥。"

魏文王觉得不解。扁鹊继续说:"大哥的医术最高明,大哥走在路上看到别人眼睛带有血丝,面色不太好,那么他可能就会给人家一个建议,叫人回去要多休息,多喝点热水,不要受凉。于是这个人听从他的建议,回家以后就没有发病。但是人家也不会因为这个而太感谢他,或者把这件事变成一条新闻去广而告之。所以他只是被周边的几个邻居知道他懂医术。

"我二哥在家开了一家医馆,人家头疼、脑热、咳嗽了,就跑到他这儿来问诊。他望闻问切一番之后,给病人开了几副药。病人回去按时服用就药到病除了。所以,十里八里的相亲都知道他是一名治疗小病的医生。

"我闻名于天下是因为我曾医治好过几个病入膏肓的人,100个人中可能有几个人活过来了。这件事儿就会被大家当作新闻来传播了。"

扁鹊的大哥善于治"未病",重在预防,是事前控制;二哥在做事中控制,把一些病症控制在萌芽状态;而扁鹊是做事后控制,是等到事情一发不可收拾了才来做善后。

对于人的身体健康控制来说,当然是事后不如事中,事中不如事前了。其实,工作管理也是同样的道理。

但是,事前控制做得好的人一般不受人待见。《曲突徙薪》的典故正说明了这一点。"突"是烟囱的意思,"薪"是柴火。

古代有一个人新修了一个房子,然后他邀请大家都来参观,很多人都说了好话,这个房子真漂亮,这个房子真气派。

当然也有一个人说了一句话,让主人很不高兴。这个人说:"你们家房子有两个问题,迟早要被大火给烧掉了。第一个问题是,你们家的烟囱是直的,不是弯的,烧火的时候火星就飘到上面,然后落下来,碰到易燃物它就烧着了。第二个问题是,你的房子旁边这个柴火堆,一旦有火星落到上面就点燃了。"他建议主人把烟囱改成弯的,把柴火堆移走。

没过几天,房子果然着火了。经过邻居的合力救火,损失不大。主人高兴地设宴感谢大家救火,却没有邀请当初给出预防火灾建议的人赴宴。

那些力挽狂澜的"救火队员"往往得到人们的青睐和重用，而"防患于未然"者却被怠慢和漠视。在一个组织中，虽然这样做在客观上导致了组织资源的极大浪费，并且使得组织一次又一次地陷入危险的境地，但是很多管理者还是会如此循环往复地错下去。

彼得·德鲁克曾言："在成功的组织里，管理总是平淡无奇，没有什么惊天动地的事情发生。"作为经理人，我们不但要能够处理危机，更要能够预防和规避危机的出现。我们也要善于发现下属团队中善于做事前控制的下属。

如何做好事前控制

做事前控制，最重要的方法就是做计划。"失败的计划，就是在计划失败。""计划不是在预测未来，而是行动的预演。"计划如果考虑得不够周全，往往会增加过程沟通和资源的浪费，还会导致结果大打折扣。

下面我们来了解一下计划制订常用的方法和工具——计划表和甘特图。

一般来说，计划包含15个关键要素，它们需要在计划制订阶段进行考虑，具体如下。

（1）序号：重要的靠前排列。
（2）任务名称：简洁，突出重点，动感，有号召力。
（3）主要内容：该任务要做哪些事情，工作边界界定。
（4）品质标准：任务的量化指标KPI。据此衡量该任务是达标的。
（5）关键方法：它是成功要素，旨在提示从根本上影响此任务完成的方法、工具、流程、原则。且它要便于上下级之间沟通。
（6）时限：起始时间、截止时间。
（7）节点：每个任务设置的标志性关键点，并考虑该节点关于三要素（进度、质量、成本）的控制指标。
（8）资源：完成该任务所需要的设备、工具、资金、场地、知识、工作权限等。
（9）负责人：唯一的任务问责对象。
（10）参与人：谁参与，以什么方式参与，要达到什么程度。
（11）督导人：负责人的负责对象、汇报对象、求助联系人。
（12）风险：可能遇到的意外、挑战。
（13）风险应对预案：对估计到的风险要采取的关键预案。
（14）沟通机制：该任务负责人如何与督导人沟通。
（15）奖惩标准：执行任务完成情况与奖惩条例的关联。

在制订计划时，以上因素都是要考虑的，但在我们日常所用的计划表中必不可少的要素主要有三个。

第一个是what，即做什么，做到什么标准。
第二个是when，即什么时候开始，什么时候完成。

第三个是 who，即负责人是谁。

工作计划表样例见表 2-1。

表 2-1 工作计划表样例

序号	what		when		who
	做什么？	做到什么标准？	什么时候开始？	什么时候完成？	负责人是谁？
1					
2					

经理人在计划制订过程中最常见的问题有两个方面。

第一个问题关于"做什么"方面。往往经理人会写清楚做什么工作内容，但是在工作完成的标准方面却描述不够清晰，或者干脆没有标准。

如果出现标准不清晰的情况，就会导致在工作检查评估阶段，上下级对结果的评价出现不一致的情况。例如，下属认为已经完成了，但是经理人可能觉得没有完成。这样就会出现无谓的争议。

第二个问题就是"谁来做"的问题。经理人经常会把一项工作列在计划表里面，后边再写上多个负责人。结果往往是，多人负责就是无人负责。因为责任一旦被分摊之后，担责意识也会被随之分摊掉。

为了让计划的可视性更好一点，能够将计划公示出来便于进行工作的参考和检查，我们经常会用到甘特图。

甘特图（Gantt chart）又称为横道图、条状图（bar chart）。其通过条状图来显示项目、进度。以提出者亨利·L. 甘特（Henry L. Gantt）先生的名字命名。发明时间是在第一次世界大战时期（1917 年）。

甘特图就是在计划表后边加上一些时间表，可以以天、周、月等为单位，如图 2-2、图 2-3 所示。

计划表和甘特图，对于经理人来说都是非常适用的工具。经理人可以通过使用这两个工具制订计划的方式来锻炼自己时间管理和计划管理的能力，也可以辅导自己的下属使用这两个工具来提升他们工作的条理性和工作效率。

用好效率手册

要做好计划管理的控制工作，我常常建议经理人要配备一个日历本，也叫周记本或效率手册。这个本子应该放在你的办公桌上，每天早晨和每天下班的时候你都要去翻看一下，并把所有确定好的工作内容记录在相应时间的位置上。

这种本子有时间刻度，比如说每一页是一天，或者两页是一周。有时间刻度的本子更便于做记录。

但是在日常工作中，很多经理人都会用一个普通的本子做记录。他们什么都记在这个本子里面，既有工作内容，又有会议记录，还有电话号码等。总之，就是按照流水账把事情一一记录下来。最后，这个本子里面的内容是一团乱麻，其中的信息也难以查找，进而影响了经理人的正常工作。但效率手册或周记本却不一样，它对于经理人更好地进行计划管理和时间管理是非常有帮助的。

比如说，我们有一个约定的工作会议在下周二上午 10:00 ~ 12:00，我们就把本子翻到下周二的那一天，然后记录在上面。记录之后，等到我们再翻看到这个内容的时候就会提前预留好时间，做好充分的准备，如果有人再约这个时间，我们就可以回绝掉。比如说，下属答应了在某个时间来汇报工作，那么在该时间到来之前，经理人就可以提前关注和提醒该下属抓紧时间做好准备；如果到了

第二项修炼 计划管理 43

图 2-2 甘特图示例（1）

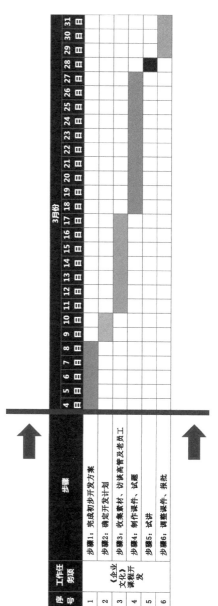

图 2-3 甘特图示例（2）

汇报时间，这位下属没有来汇报，或者汇报的质量很差，我们就可以对他进行问责。

假设一下，如果我们把和下属约定好的汇报时间给忘记了，时间过了但是我们并没有去听汇报，那么作为经理人的我们在下属心中会是什么印象？或许下属会认为自己的上级是健忘症，因此上级给他安排的工作不用全部完成，因为反正到约定的时间也不一定会检查验收。

再假设一下，如果我们把下属约定好的汇报时间记错了，这个时间段安排了另外一件事情，那么下属在规定时间来找我们，我们该如何是好？或许下属会觉得上级言而无信，或者不尊重他，再或者不会做时间管理，我们的信誉将大打折扣。

因此，效率手册无疑是一个很实用的做计划管理的工具。"好记性不如烂笔头。"这个工具我自己也一直坚持使用。当然，现在也有一些效率管理的软件，电脑端和手机端也有很多类似的 App。如果我们不想单独准备一个本子的话，那么最简单实用的就是台历之类的工具；但是用台历也会有一个问题，毕竟当我们去开会的时候不可能带上一本台历，而带上一个本子却是合适的。

如何向下委派工作任务

事前控制的一系列管理行为中，有一项关键行为尤其值得经理人重视，那就是向下委派工作任务。做好工作任务的委派，可以有效规避和减少任务在执行过程中的疑问，提高执行的效率，也能够减少因下属反复沟通确认而带给经理人的麻烦。

经理人给下属委派任务的过程，同时也是计划管理事前控制的过程。针对某一项工作任务，经理人究竟如何来委派呢？我们看一个案例。

经理把小王叫到了自己的办公室。

小王：经理，您找我什么事啊？

李经理：啊，小王啊，你坐！这样啊，我打算在我们公司做一场读书会，让我们所有的主管都参与进来。我知道你对组织活动很有经验，所以我想把这个事情交给你来负责。你看怎么样啊？

小王：嗯，好的。您有什么具体的要求吗？

李经理：这个嘛！读书会嘛，就是大家聚在一起读读书，相互分享。可以准备一点水果茶点。主要是让大家快乐学习。你就按照这几点去办吧。有什么问题随时找我沟通。

小王：可是……

李经理：这样，我还有点别的事情，你先去吧！

小王：经理，那我走啦。

李经理头也不抬，挥挥手。

读书会的效果会怎样呢？我们来看结果。

转眼间，读书会的时间到了。经理高兴地走进会场，眼睛扫视着全场。他看到大家很专注读书，很高兴。小王赶忙迎了上去。

小王：经理，您来啦！

李经理：小王，今天这个现场布置得不错嘛！这么早大家就都到齐啦。

经理看看同事A，A在看《美食》杂志，经理疑惑。

接着，经理看向女同事B，他问：你在看什么呢？

女同事B：经理啊，我看这款风衣的款式不错，可就是不知道和我的脸型配不配？

看到同事B在看《女友》杂志，经理的表情由喜转严肃。

经理抬头，看到对面的小C正在专心致志地抄写着什么，心里有些欣慰，便走了过去问道：你在干什么呢？

同事C：经理啊，我看到这本旅游杂志新开的皖南自驾游线路真不错，打算今年休年假的时候去一下。

经理脸色瞬间变得铁青。

这时候，同事D跑过来，对着经理说："经理，经理，你快看！这个笑话可太逗了！我还有一个韩剧也很不错啊，要不要推荐给你啊？"

李经理一把抓过杂志，指着会场，气不打一处来。他对着小王说道："谁让你把读书会开成这个样子的啊！"

说完，李经理就甩手而去。小王追了出去。

众人惊讶，不解。

很显然这个经理人有做得不到位的地方。他在委派任务的时候没有说清楚，并且也缺少过程的跟踪，属于甩手掌柜型的上级。最后，当结果未达预期时，他又气急败坏，推卸责任。

如果这位经理人在委派任务的时候就把要求交代清楚到位，是不是结果就会不一样了呢？

我们再来看看另外一种情形。

小王拿着本子和笔，来到李经理的办公室。

小王：经理，您找我什么事啊？

李经理：啊，小王啊，你坐！这样啊，我打算在我们公司做一场读书会，让我们所有的主管都参与进来。我知道你对组织活动很有经验，所以我想把这个事情交给你来负责。你看怎么样啊？

小王：嗯，好的。您有什么具体的要求吗？

李经理：是这样啊。我昨天不是刚参加完集团的中高层管理人员大会嘛。会议提出一个要求，就是要打造学习型组织，每个员工都要树立学习的意识，不断提升自己的能力素质，进而促进公司的业绩提升。我想先把我们的所有主管岗位的同事的学习意识提升上来，所以我们先针对所有的主管人员举办一场读书会。你看呢？

小王：嗯，挺好的。那我们做到怎样就算成功了呢？

李经理：你这个问题很好，我也一直在琢磨这个学习目标的问题呢。你有什么想法或建议吗？

小王：这个嘛，我也没完全想好。但是我觉得首先要让主管们喜欢上这种学习形式，在心理上不抵触。另外，最好能够学到和岗位相关的知识。

李经理：嗯，你说的这两点，我也认同。但是怎么做大家才会喜欢上这个读书会活动呢？

小王：我想，首先在时间选择上，最好不要安排在大家工作太忙的时候，也不要安排在非工作时间。

李经理，嘬了一下嘴：嗯。那你准备把这次的读书会定在什么时候呢？

小王：我来看看哈，这周大家都比较忙，下周要做项目总结。

经理,我建议我们就把读书会放在下下周四下午。因为本周和下周都有重要的工作安排,下下周正好有一个舒缓的时候。经理,您到时候也参加的吧?

李经理:我看一下哈,嗯,可以的。我到时候也参加一下。我现在就把时间预留下来。

小王:我们还可以准备一些水果茶点之类的东西,让大家在轻松的氛围中学习。

李经理:嗯。那跟岗位相关的书籍怎么选择呢?

小王:这个嘛,我想第一次的读书会,因为参加的人员都是管理人员,大家来自不同的业务部门,岗位知识有很多差异。所以我建议,我们可以选择一些通用的书籍,比如领导力类的管理书籍。经理,您看可以吗?

李经理:可以啊,挺好的。这样的书籍内容跟岗位工作相关,又不会存在专业间的差异,可以保持现场的参与度。那么,下一步你准备怎么做呢?

小王:我打算先草拟一个初步的方案来,下周再找您汇报一下,听听您的意见。

李经理:下周具体什么时间呢?

小王:下周二下午两点吧?您的时间可以吗?

李经理:可以的。这样啊,我建议你可以先把方案给到人事行政主管老张看一下,他对员工学习发展方面的工作有自己的专业知识,另外,他在带团队方面有自己擅长的一套,我看到他的办公桌上经常会有几本领导力类的书籍。所以你在图书选择上,也可以听听他的意见。

小王:好的。那我一会儿就去找一下他,听听他的建议。然后下周一找他和其他主管针对方案的内容初步沟通一下。等我把意见汇总后，下周二下午两点再来给您汇报。

李经理：好的。我就知道你在组织团队活动方面有自己的一套。很期待你的方案噢！另外，你还有什么问题吗？

小王：经理，这次活动人均预算多少啊？

李经理：这个嘛！水果茶点类，你就参考生日会的标准吧。书籍的费用，根据你们选定的具体书籍来确定吧。你在方案中一并体现出来。这个方案最好也先给财务部门的同事预审一下。

小王：好的。经理，那我先去忙了。

李经理：好的。你可以的。有问题自己先思考，自己寻找解决方案，实在不能确定的再找我沟通。

小王：明白。谢谢经理！

说完，小王起身，离开办公室。

在读书会现场，某主管做了慷慨激昂的分享，现场氛围热烈。李经理在结束的时候给优胜的分享者颁奖并讲话。

当读书会结束，李经理走出会场的时候，他对着小王竖起了一个大拇指，并投向他肯定的眼神。

从这个案例可以看出，经理人交代得比较清楚，任务委派得比较到位，读书会最后的效果也很好。

由正反两个案例的对比可以看出，经理人在事前委派任务时如果能够沟通清楚，那么下属执行起来或许会少走很多弯路。

通常来说，向下属委派任务时应该遵循如下 5 个步骤。

第一步，明确任务的目标。在前一种案例中，经理人并没有交代清楚读书会的详细标准；而在后一种案例中，经理人告知了下属读书会的明确的目标，包括参加人员、读书类型、举行时间、费用预算等。

第二步，说明任务的目的。在前一种案例中，经理人并没有说明举办读书会的目的；而在后一种案例中，经理人说明了读书会的目的和背景。

第三步，明确工作的方法和步骤。在后一种案例中，经理人和下属进行了详细的沟通。

第四步，确定具体的行动计划。在后一种案例中，经理人和下属约定了下次沟通的时间和方式，这种行动计划的约定对于任务的顺利完成是一种可靠的保障。

第五步，表达信任和支持。在后一种案例中，经理人在任务委派沟通过程中，用了引导、提问、支持、指导的方式，既让下属感到了尊重和认可，又消除了下属的困惑。

如果上述步骤做不到位的话，会出现一些问题，具体如下。

第一，如果任务的目标（what）不明确，下属的行为就缺少了必要的参考，即使完成了工作，也无法评估最终的结果。

第二，如果任务的目的（why）不明确，可能导致下属在遇到问题的时候不会变通，或者变通的方向和经理人的预期大相径庭。

第三，如果任务的方法步骤没确定，可能导致任务执行的时间被耽误，组织的资源被浪费等。

第四，如果缺少任务推进的行动计划，可能会导致经理人对任务的失控，下属对任务完成的紧迫感和责任心也将变得不可确定，进而导致任务进度和质量无法得到保证。

第五，如果缺少了对下属必要的信任和支持，就会导致下属缺少参与感、主动性和积极性，也不利于下属潜力的发掘和任务的完成。

需要特别指出的是，经理人在委派任务的时候也可以选择采用如下的技巧。

引导：经理人要善于提问和鼓励下属表达自己的看法，对于成熟度高的下属，经理人尤其应该少说多问。

倾听：经理人要善于积极倾听下属感受，使用同理心进行善意回应。通过倾听，经理人可以了解下属对于工作的思考深度和思路方案的方向正确与否，便于经理人给予恰当的指导。

赞赏：经理人要善于对下属的建议给予及时肯定与赞赏，下属自己说得越多，他们担责的意识也将越强。

分享：针对能力不足的下属，经理人应该适时分享和补充自己的经验。

强调：在结束谈话前，经理人需要帮助下属理清思路，强调完成任务的重点和难点。

如何做好事中控制

当任务交代清楚了，计划制订得很周详，是不是可以万事大吉了呢？当然不是，这才是万里长征的第一步。只有持续做好事中管控才能确保执行朝着预期的方向前行。

事中控制的做法有很多，经理人可以通过召开会议、日常沟通、阅读简报等方式了解情况，并适时地对下属提供帮助，分享经验，鼓励进步等。

CEO不要总是待在总部，要走出办公室，和那些真正干实事的人在一起。总部大楼内不可能制造或出售任何产品，扎根基层才是了解实情的最有效途径。

坚持不懈地提升自己的团队，把同下属的每一次会面都作为评估、指导和帮助他们树立自信心的机会。——"世界上最伟大的CEO之一"杰克·韦尔奇（Jack Welch）《赢》

托马斯·J.彼得斯（Thomas J. Peters）和罗伯特·H.沃特曼（Robert H. Waterman）在1982年提出了走动管理的概念，这是一种更加有效的事中控制的方法。走动管理（management by wandering around，简称MBWA）是指上级主管利用时间经常抽空前往各个工作区域，以获得更丰富、更直接的下属工作问题，并及时了解下属工作困难的一种方法。

这让我想起一次亲身的经历，有一次出差，我在高铁站等车，恰逢吃饭的时间，我去了一家牛肉面馆。这家面馆需要先点餐付款再进去用餐。

当我点完餐要付款时，负责点餐的服务员告诉我他们家只能用支付宝和现金付款，其他方式都不行。我说我就想吃他们家的面条怎么办，对方说的那没有办法了。

最后，无奈之下，我只能去了别家看看。我转了一圈之后，还是觉得面条是我这会儿最想吃的东西，所以又回来了。

好在，这时候另一名服务员愿意帮助我解决支付的问题，她用自己的支付宝帮我代付了餐费,我再用微信转账给了她。终于,我吃到了面条,但这次的用餐体验显然不是特别好。

我产生了很多疑问。面馆店长知道这样的情况吗?还是故意不去解决呢?即使暂时硬件设备上无法解决,那么服务员处理类似的支付问题的方法培训了没有呢?这些问题的答案我都不得而知了,但是至少有一点可以确认,相当一部分的顾客应该都被拒之门外了。

其实,事中控制的关键前提,就是对工作进展情况的全面、真实的了解。根据获取信息的有效性来看,事中控制的诸多方式存在一种递进的关系。具体的递进关系如图 2-4 所示。

图 2-4　事中控制递进关系

如果经理人只是坐在自己的位置上做猜想,那么他所获取的信息想必大多是失真的;如果经理人只是看数据报表和批阅报告,那么他所获取的信息或许是精确的,但是全面性或许还是不够的;如果经理人和下属工作负责人直接沟通,那么他就可以获得更多的信息,因为通过互动交流的方式可以很好地消除误解和误会;如果经理人通过开会议的方式了解事情的真相,那么他所获取的信息的全面性会有一定的提高;如果经理人亲自走到工作现场,通过自己的所见所闻所感来掌握工作进展的信息,那么这些信息的全面性和真实性势必都会大大提高；再如果经理人可以采用神秘顾客或者亲身体验的方式来了解和掌握信息，那么他将会十分真切地体会到产品或服务的优缺点。

因此，信息掌握的全面性、真实性、精确性，决定了经理人对工作指导支持的针对性和有效性。"没有调查，没有发言权。"这是毛泽东的一句名言。

因为信息的有效获取和消耗的组织资源正相关，所以经理人在自己的时间精力管理方面就需要格外关注。我们不一定要凡事都亲历一线，但也不能只在办公室里听汇报。

另外，随着自身管理层级的上升，工作管辖范围的扩大，个人时间精力会相对更稀缺，经理人对具体工作的管理的颗粒度就随之变大，即管理得更粗线条，不会关注细枝末节。正因如此，最高明的事中控制方式，是采用授权的方式进行管理。经理人可以重点关注工作的一头一尾，中间部分放手让具体负责人来自行决策处置。

华为的任正非有一句名言，"让听得见炮声的人呼唤炮火（做决策、指挥战斗）"。

海底捞的张勇也有类似的管理思想，"让每一名员工都拥有和老板一样的权利"。

授权，才能让下属更好地承担责任，才能调动他们的自主性，激发他们的潜力，加速他们的成长。

另外，我们要用好计划表和效率手册。因为效率手册记录着很多下属应该兑现的诺言，就像一个账簿，所以我们也可以称它为"讨债本"。这些工具既能够保障执行力，更能够捍卫我们的领导力。

还有一种情况，当我们发现一项工作可能无法按照计划完成时，应该如何应对？针对资源、方法、时间节点这 3 个要素来说，我们应该优先调整哪个呢？

大多数有经验的经理人会选择先调整方法，再调整资源，最后调整时间。因为调整方法通常是在不消耗资源的情况下来解决问题；但是当调整方法不奏效的情况下，那就需要加大资源的投入了；最后如果万不得已，我们再调整计划的时间节点。这是因为，时间节点是计划的核心要素，如果计划的时间调整了，那么计划就发生了变更。这样会导致计划的严肃性被否定，还会带来一系列的连锁反应和重大损失。时间是最宝贵的资源，是不可再生的、单向性的一种客观存在。

总之，做好计划的事中控制十分必要，这也是经理人必备的一种能力。事中控制对经理人提出了一个要求，就是要"勤"，不能"懒"，否则就只能"闲时不烧香，急来抱佛脚"了。

如何做好事后控制

有人说都已经事后了，木已成舟，生米成了夹生饭，还怎么控制呢？他们说的是有一定的道理的。这里所谓的事后控制主要是指复盘总结，目的是学习提升，不重蹈覆辙。正所谓"前事不忘，后事之师""吃一堑长一智"。复盘总结，既是事后的控制，又是对下一个任务项目的事前控制。

复盘（replay），原来是围棋术语，是指一盘棋下完之后，将之前的每一步重新进行一次，简言之就是再摆一次，现在复盘代指总结。具体来看，复盘总结工作一般分为 4 个步骤：回顾目标、对照结果、分析原因和总结经验（见图 2-5）。在这些环节中，最难的一步就是如何分析绩效差距的原因。在下一章节，我们将单独探讨这个话题。

图 2-5 复盘四步法

经理人需要十分重视总结工作，因为总结本身可以达到很多的目的。一次好的总结工作，至少需要达到激励团队、学习提升、优化制度、加强文化、考察人才等目的。

激励团队主要是指论功行赏、论过处罚，并归档记录。学习提升主要是指提炼出新的工作方法，用于培训，以改善运营。优化制度主要是指沉淀出工作标准，用于制度完善和迭代，进而指导负责相关业务的全员遵照执行。加强文化主要是指，通过案例提炼出理念、价值观，以丰富组织和团队文化；考察人才主要是指，通过绩效结果和过程表现考察选拔人员，也可以淘汰达不到要求的人员，进一步优化团队构成。

另外，根据"情境领导"的观点，经理人要根据员工工作任务的胜任程度和工作意愿，采用不同程度的指导和支持行为进行领导。

针对"能力强、意愿弱"的员工，采取"低指导、高支持"的"参与式"领导方式；针对"能力弱、意愿弱"的员工，采取"高指导、高支持"的"教练式"领导方式；针对"能力弱、意愿强"的员工，采取"高指导、低支持"的"指令型"领导方式；针对"能力强、意愿强"的员工，采取"低指导、低支持"的"授权型"领导方式。不论是哪种领导方式，都需要做好事前、事中和事后的控制工作。

· 本章小结 ·

从某种意义上来说，计划能力代表了一个经理人的管理能力。

计划管理体系是组织"生命体"的骨架和神经系统。

经理人做工作，应该以"成果"为导向。

真正的执行力是"多、快、好、省"达成目标的能力。

目标是计划管理的出发点和落脚点。

好的目标应该是清晰明确的，难度适中的，有意义、有价值的，相对稳定的和系统有序的。

目标就是 what，目的就是 why，两者共同构成任务。

事前控制最重要的方法就是做计划。

计划表、甘特图、效率手册和任务委派 5 步骤，都是事前控制常用的工具和方法。

事中控制的重点在于及时、准确、全面地了解情况，并适时提供帮助。

事后控制主要是指复盘总结。具体来看，复盘总结工作分为 4 个步骤：回顾目标、对照结果、分析原因和总结经验。

总结需要达到激励团队、学习提升、优化制度、加强文化、考察人才等目的。

第三项修炼

绩效改进

亡羊而补牢，未为迟也。

- 为什么要分析并解决问题
- 如何发现和界定绩效的问题
- 如何分析绩效问题的成因
- 如何改进绩效

为什么要分析并解决问题

当我还是新经理的时候,第一次听说有一门《问题分析与解决》的课程,当时我想这个还需要学习吗?后来才明白,问题分析与解决是一个系统化的工作,每个人都需要学习掌握。

在日常工作中,会出现很多的现象,如:团队绩效不达标,核心团队的离职,大客户的突然流失等。这些现象都是不应该出现的,但是它们就是出现了。就像西方学者所说的"黑天鹅事件",这些"黑天鹅"的出现打破了湖面的宁静,让环境变得混乱。

黑天鹅事件("black swan" incidents),是指非常难以预测,且不寻常的事件,通常会引起市场连锁负面反应甚至颠覆。一般来说,"黑天鹅"事件是指满足以下三个特点的事件:它具有意外性;它产生重大影响;虽然它具有意外性,但人的本性促使我们在事后为它的发生编造理由,并且或多或少认为它是可解释和可预测的。

除了这些突然出现的"黑天鹅事件",组织中还会存在较多的"灰犀牛事件",大家对这些不合理的现象已经视而不见、习以为常了,但是这些现象却阻碍着效率,浪费着资源,破坏着氛围,它们会导致的后果如下:客户满意度水平较低,工作效率低下,同事经常消极抱怨等。

灰犀牛事件("gray rhino" incidents),是指过于常见以致人们习以为常的风险,比喻大概率且影响巨大的潜在危机。它与"黑天鹅"相互补足的概念,"黑天鹅事件"是极其罕见的、出乎人们意料的风险。

为什么要进行问题分析?

如果放任不管、麻木不仁,我们所在的组织将会出现巨大的损失,甚至陷入危机。防微杜渐,就能避免"温水煮青蛙"的结局和"千里之堤,溃于蚁穴"。

"温水煮青蛙"来源于19世纪末美国康奈尔大学科学家做过的一个"水煮青蛙实验"。科学家将青蛙投入40摄氏度的水(不是沸水)中时,青蛙因受不了突如其来的高温刺激立即奋力从水中跳出,得以

成功逃生。当科研人员把青蛙先放入装着冷水的容器中,然后缓慢加热(每分钟上升0.2摄氏度),结果就不一样了。青蛙反倒因为开始时水温的舒适而在水中悠然自得。当青蛙发现无法忍受高温时,已经心有余而力不足了,不知不觉就被煮死在热水中。

整合资源改善绩效的工作是经理人必备的基础能力。不具备这种能力的经理人,必然会导致资源极大浪费,绩效不理想,员工士气低落。善于发现问题、分析问题、整合资源解决问题的经理人,也必然是有领导力的经理人。另外,问题分析与解决的过程就是最好的学习的过程,通过绩效问题的分析解决,经理人和

团队都会有较大提升。

学会自主发现问题、分析问题,并解决问题,是经理人走向成熟的重要标志。

如何发现和界定绩效的问题

首先,我们需要对这里所说的"绩效问题"进行明确的定义。

绩效问题,是指组织中存在的,会导致不良后果的现象。问题的构成必须至少具备两个要素,一是存在差距,二是会产生危害。只有这两个因素同时存在,才有可能构成一个真正的问题。现象,不等于问题。问题,等于有危害的差距,等于"目标"减去"结果"。

$$问题 = 有危害的差距 = 目标 - 现状$$

绩效的问题,不是疑问(question),而是不良状况(problem)。因此,问题对应的不是答案(answer)而是解决方案(solution)。

原因,不是问题,而是造成差距出现的因素。我们做问题的分析,其实就是在寻找问题产生的原因,进而找到问题的解决方案。

以下这些表述,哪些是问题呢?

(1)你从哪里来?

(2)你为什么迟到?

(3)上级的领导力怎样?

(4)下属员工的工作积极性怎样?

(5)上个季度销售额下降了20%。

(6)部门近一个月离职了1名员工。

(7)领导整个早上板着面孔,一句话不说。
(8)物流配送满意度95%。
(9)供应商连续2个月延迟交货。
(10)生产成本超过预算30%。
(11)我已经连续3个晚上没有睡好了。

按照"存在差距""产生危害"且"不是疑问"等标准来看,第1、2、3、4都是一种"疑问",第5、6、7、8现象因缺少参考标准而无法确定是否存在"差距",因此前1~8都不是"问题"。

第9、10、11应该属于真正的"问题"。

第9个现象,应该正常交货,实际上延迟交货了,存在"差距";同时,延迟交货必然会对采购方造成资金的压力、库存的浪费和生产销售的制约等不良"后果"。

第10个现象,预算是有明确标准的,但是实际上预算被超过了,这就是存在"差距";同时,预算被超就会导致资金压力、该产品定价的不合理、其他费用预算的节减等不良"后果"。

第11个现象,是关于个人健康的问题,晚间的睡眠对一个人的健康来说是很重要的。正常情况下应该是睡好的,但是实际上没有睡好,而且已经连续3个晚上没有睡好了,这里的"差距"是客观存在的。另外,睡眠不好,势必影响到人体健康和工作状态,会产生不良"后果"。

为了更好地进行问题的分析,经理人需要对绩效问题进行严谨的表述,具体格式应当是:

某部门或人员+在某个时间段内+应该达到某水平+实际达到某水平+差距是多少+这个差距造成了什么不良的后果和影响。

只有按照以上的表述格式阐述出来的问题,才是准确的、可以分析的问题。

比如：

- 某车间二季度生产成本增加了 10 万元，预算成本 190 万元，实际成本 200 万元，造成了产品利润的降低。
- 某部门 5 月份的计划销售额为 100 万元，实际销售额为 95 万元，差距为 5 万元，导致了销售任务未达成，部门员工奖金减少。
- 客服人员小张本周客户满意度计划为 98%，实际为 96%，差了 2 个百分点，导致她所在团队的整体满意度未达标。
- 小李体温应该在 37.5 摄氏度以下，但是今早发现体温是 38.2 摄氏度，他感觉自己的头很晕。

这些现象都已经构成了问题，因为既有差距又有危害，是时候要设法缓解和改善了。

如何分析绩效问题的成因

一天，动物园管理员发现袋鼠从笼子里跑出来了，于是他们开会讨论，一致认为是笼子的高度过低。所以他们决定将笼子的高度由原来的 3 米加高到 4 米。结果第二天他们发现袋鼠还是跑到外面了，所以他们决定再将高度加高到 5 米。没想到隔天居然又看到袋鼠全跑到外面。于是管理员们大为紧张，决定一不做二不休，将笼子的高度加高到 10 米。一天长颈鹿和几只袋鼠们在闲聊，"你们看，这些人会不会再继续加高你们的笼子？"长颈鹿问。"很难说，"袋鼠说："如果他们再继续忘记关门的话！"

《袋鼠的笼子》的故事告诉我们，如果找不到正确的原因，提出来的改进方法则会南辕北辙而徒劳无功。如果能够系统、科学地分析问题的原因，找到关键性影响因素，即根源，就能够事半功倍地改进问题了。

绩效问题成因的分类

一般来讲，绩效问题产生的原因都和**外部环境因素、内部环境因素、业务工作因素、工作人员因素**这4大类因素有关（见图3-1）。

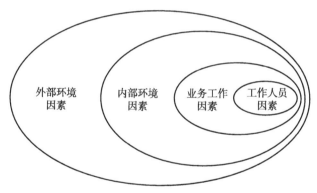

图 3-1　绩效问题成因

外部环境因素包括政治、经济、社会、技术、法律、环境等。

内部环境因素包括企业内部的战略、制度、文化、架构、资源、品牌影响力等。

业务工作因素包括意义与价值、流程合理顺畅、工具先进、成本管理、原材料采购、产品规格、产品丰富度、产品定价、产品质量、营销策略等。

工作人员因素包括态度、技能、经验、基本素质等。

外部环境因素

第一,政治因素会对企业经营绩效产生影响。一些例子如下。

- 美国对中国发起了贸易摩擦,导致了中国部分外贸企业出口受阻。
- "房住不炒"的政策,使得房地产业理性发展,某些房企效益下滑。
- "大众创业,万众创新"政策,使得一批小企业蓬勃发展。
- "减费降税"为企业减轻了负担,促进了企业的投资和员工民生改善。
- 新能源汽车补贴政策为汽车企业改革创新提供了实际的支持,提升了汽车企业业绩。

第二,经济因素对企业的绩效影响往往是更加直接的。例子如下。

- 国际贸易摩擦导致出口受阻,严重影响外贸企业的绩效。
- 整体经济大环境较好,因此促进了消费品行业的发展。
- 新能源汽车产业的发展,加大了对电池制造所需稀有金属原材料的需要。
- 竞争对手发展迅猛,抢占了更多市场。

第三,社会上人们的风俗习惯、语言文化、宗教信仰、思想观念、消费习惯、生活方式等都会对企业绩效产生影响。例子如下。

- 印度酒水行业不景气,原因是宗教的禁酒的教义。
- 肯德基根据中国人的饮食习惯,研发了众多新的餐食,深受国人喜欢,在市场占有率方面不断提升。

- 网络购物蚕食了大量的线下商业业务。
- 百思买等零售巨头因为在中国经营业绩惨淡而退出中国市场，究其原因就是它们对当地社会的购物习惯不了解。

第四，科学技术的发展对人类活动产生了重大的影响，对企业的商业模式、业务方向、生产方式和营销方式等都产生巨大影响。例子如下。

- 智能手机的普及，给数码卡片相机带来冲击。
- 移动互联技术的成熟，使得网约车成为可能，城市交通运输中出租车企业遭到极大的冲击。
- 信息技术的发展，使得知识付费的线上成人学习变成了一个朝阳产业。

第五，法律法规的变更使得有些企业的绩效也受到巨大的影响。例子如下。

- 《中华人民共和国环境保护法》的出台和修订，这给很多生产制造企业，尤其是化工企业造成影响，因为它们需要购置和升级废水废气废物的处理设备。
- 《中华人民共和国电子商务法》出台对电子商务企业的经营造成影响，进而影响了经营的绩效。
- 《中华人民共和国劳动法》的修订，要求企业必须足额帮助员工缴纳"五险一金"，增加了企业的成本支出。

第六，自然环境的变化，也会对企业绩效带来影响。例子如下。

- 雾霾天气频发，带来空气净化器的热销。

- 流感、肺炎等疫情，使得口罩和疫苗生产企业绩效陡增。
- 自然灾害让农业生产损失巨大，食品制造成本增加，影响了企业利润。

外部环境因素对企业绩效的影响，有时候是间接的，外部环境因素可能先影响了某个产业中的部分企业，然后再影响这些企业的上下游的企业。

面对环境变化带来的影响，企业就需要"以变应变"，积极应对。如果该影响是机遇，就乘势而上，扩大战果；如果该影响是威胁，就转型变革，找寻新机遇。

内部环境因素

内部环境因素主要包括：战略变革、组织架构调整、企业文化重塑、管理制度调整、办公区搬迁、新系统上线、各类资源的变化等。一些例子如下。

- 某汽车企业是一家传统型的汽车生产企业，现在准备做业务战略的调整，加大对新能源汽车业务的投入。这一决策使得传统汽油汽车业务的研发费用和市场费用都有所降低，导致了汽油汽车更新迭代的周期被延长，还使得某区域公司销售团队的季度销售目标未实现。
- 某零售企业因为进行了组织架构调整，使得新组建的某个事业部在人员配合和系统流程变更等方面都增加了难度，进而影响了该事业部当月的销售业绩。
- 某企业因为调整了员工社保的缴纳基数，增加了员工社保的缴纳金额，使得企业的人事费用增加，进而影响了预期利润的达成。

- 某企业因为销售提成的提高，上个月销售业绩明显提升。

内部因素的变化，对各个业务条线、区域公司、职能部门和具体项目等都会产生直接的影响。因此，经理人应该要学会解读外部环境可能给企业带来的影响，通过企业高层在各个渠道发布的信息来学习并了解企业内部可能的变革，结合自身的业务，积极应对可能受到的影响，以求得更好的生存和发展。

业务工作因素

业务工作因素有很多，因为不同的岗位有不同的业务类型，工作内容、工作方式、工作流程、工作设备和工具等也各有不同。工作内容明确，工作目标清晰合理，考核评估的标准明确，工作流程合理顺畅，工作方法恰当，工作设备工具先进且状态正常，这些都是良好绩效的基本提前和保障。

- 车间里的工人们都知道自己几点上班几点下班，但是谁也不清楚每天到底要做多少产品才算达标，他们的上级自己也不清楚。
- 销售部的人员都清楚地知道销售的成交流程。第一，他们先给潜在的客户打电话争取获得客户更多的信息和其他联系方式；第二，他们再邀约客户进行面对面沟通，深入了解客户需求和个性特点；第三，他们会根据客户需求提供给客户个性化的解决方案，并就客户关心的问题进一步交流，并优化方案；第四，他们会主动争取把优化后的方案当面和客户进行沟通确认，最好带上单位的权威专家一起前往，以示重视；第五，当客户选择了他们的方案，在进行价格谈判时，他们会以公司制度和自身权限较低为由拒绝降价；第六，当客户确实因为价格原因表现出合作困难时，再通过向上申请

"特批"价格促成成交。因此,销售部的业绩一直不错。
- 工程师老陈是技术高手,自从他带领团队出来创业之后,他们生产的产品质量高、价格低,但是他们自己来销售业绩一直不理想。上个月在一次行业展会上,他们和另外一家销售公司签订了销售代理协议。从上个月开始,他们的产品主要由这家代理公司负责市场销售。到目前来看,老陈公司的销售业绩有了巨大提升。现在他决定以渠道代理销售为主,以自营销售为辅,自己则花更多精力在产品的升级研发方面。
- 软件开发人员小张最近很郁闷,因为公司发给他用的电脑配置太低,经常导致他的工作效率受到影响。上周就因为电脑突然宕机,他写了好几天的代码全部丢失了,不得不重新再写。但是新机器至今还没有更换配置到位。

以上类似的业务工作因素导致的绩效问题十分普遍,经理人要具有很强的业务能力、丰富的业务经验和良好的管理能力,才能够发现原因以解决问题。

工作人员因素

工作人员因素是诸多绩效问题产生因素中最灵活的因素,也是潜力最大的一个因素。这个因素不仅仅包括人员的状态积极性,还包括能力和经验等。

- 上个月,某银行来了几名刚大学毕业的新员工,他们的业务差错率高,导致了该支行网点的月度考核绩效未达标。
- 小王感觉自己的职业发展前途很迷茫,目前手上的工作又没有什么意义和价值,最近一周的工作积极性都不高,已经导致了多起客户的投诉。

- 某建筑设计院最近接了一个养老地产的设计任务，由高级工程师老王负责，他带了一批年轻骨干，组成了项目组。但是他们这个设计院以往的项目都集中在普通住宅项目，对养老地产不是很了解。虽然他们也很努力，但是将近一个月过去了，他们还没有就功能布局达成一致，距离3个月交出第一版设计图的时间已经不多了。他们现在只能"现学现卖"了。

每个经理人都梦想有一群能力超群又积极肯干的下属员工，但是事与愿违，企业里的资源总是相对稀缺的，人力资源也不例外。我们只有重视对人才的关怀激励和长期培养，才能帮助团队不断成长进步，来应对可能的绩效问题。

一般来说，企业应该对外部环境带来的影响，采用内部的组织变革来进行应对；企业调整了战略的重心，重构了组织架构，重新配置了资源等，会导致某项业务工作受到影响；业务工作受制于资源、制度、流程和工具，进而影响了绩效；工作人员自身工作积极性和工作能力也决定了工作绩效。外部因素的影响是间接的，而内部因素是直接的；外部因素往往是不可控的，而内部因素大多是可控的。

问题原因分析的操作方法

原因的分类是相对简单的，但是如何进行实际问题的分析，却是一个难题！问题的原因分析，通常需要遵循如下4个步骤：全面罗列可能的原因，去除无明显关系的原因，对剩余的原因进行分类整理，找到主要原因和根本原因。进行原因分析需要用到的方法和工具如下：头脑风暴法、鱼骨图、追问法。

第一步，全面罗列可能的原因。

尽可能找出可能的方方面面的原因，并把这些原因一一罗列下来。可以采用集思广益、群策群力的方式来进行头脑风暴，众人聚在一起进行分享，以达到贡献出来的可能的原因多多益善的效果。

下面介绍头脑风暴法。

（1）研讨前的准备如下。

1张大白板，将几张大白纸贴在白板上，也可以准备若干便利贴和1面白墙。

1位主持人，1位记录人，有时候主持人和记录人为同一人。

（2）研讨的组织流程如下。

首先，主持人宣布发言规则和注意事项。

- 只重数量，不重质量。
- 一个人一个人轮着发言。
- 不许否定别人的意见。
- 尽量穷尽所有可能的原因。

其次，主持人组织发言，同时由记录人记录发言关键词，所有与会者不否定，不争辩。

- 在做记录时只记录关键词的短语，不记录句子。
- 要做到所记录的内容可视化，确保现场所有与会者都能看见。
- 主持人不断重复问题题干或者其他与会者的发言内容，以激发与会者的思考。

再次，主持人注意引导和控制发言的数量和方向，以收集尽量全面的原因。

- 不偏激和钻牛角尖。
- 鼓励与会者更多地发言。
- 可以要求每个与会者贡献不少于 10 个原因。

最后,主持人和与会者确认所有发言内容,以防止误听误写。

下面我们不妨以大家熟知的面馆作为案例,来寻找经营业绩不达标的可能的原因。

某大学门口的面馆 12 月绩效不达标,它当月应该完成 10 万元营业额,实际完成了 9.2 万元,差额是 0.8 万元。

在头脑风暴法下,面馆经营目标未达成的原因可能是:天冷了、人们出门少了、食品口感不好、品种少、食品分量少、厨师病了、员工服务态度不好、价格贵、面粉涨价了、等待时间长、座位太挤、支付方式不好、门口道路施工、学校放假、隔壁餐馆促销、餐馆多了、地震、营业员离职了、停业整顿、人们消费习惯变了、堂食少了、外卖多了、员工能力不足、员工消极怠工、员工人手不足、目标定高了、没开空调暖气、卫生不好、地方小、中美贸易战、翻台率不高、店招牌不显眼、位置不好、材料不新鲜、地沟油新闻报道、账算错了、雨天多、燃气管道改造、流感病毒……

第二步,去除无明显关系的原因。

主持人需要和现场人员核实已收集的可能的原因的真实性和关联性,并且通过和前期已经基本掌握的参考材料和数据进行比对,来筛选并去除和问题不直接相关的原因。

有的原因不是直接的原因,而是间接的原因,也应该去掉;有的原因没有发生变化,也不是这次问题产生的原因,也应该去除。经过筛选后保留下来的原因,应该是与会者达成共识的直接原因。

还是以面馆举例,有些原因需要去除的,例如下面几个。

- 通过查询相关资料就可以了解是否存在地震、流感、地沟油、道路施工、天气等情况，不属实的原因即可去除。
- 通过询问可以知道学校的放假时间、店里的人员、材料价格、面条价格、竞争对手、外卖数量、月份销售额设定依据及计算准确性等情况，不属实或不相关的原因可以去除。
- 通过实地调查和体验，就可以知道店面形象、环境、面条口味、卫生条件等的变化情况，又可以排除掉一部分原因。

通过去除无明显关系的原因，我们就可以发现影响面店绩效的主要原因了。

第三步，对剩余的原因进行分类整理。

我们在对剩余的原因进行分类整理时，可以使用一个叫作"鱼骨图"的工具。鱼骨图，又名因果图、石川图，是一种发现问题原因的分析工具。

右侧的鱼头部分为最终的结果，也就是我们说的问题。大枝干的内容是问题现象产生的原因；中枝干的内容是大枝干现象产生的原因；小枝干上的内容是中枝干现象产生的原因。就这样层层递进，帮助我们挖掘到了问题产生的深层次原因。

鱼骨图在绘制前，我们要将原因进行大类划分。在分类整理原因的时候，需要注意原因不能遗漏，不能重复，不应该存在包含和被包含的关系。以下通过一个例子来说明。

生产质量问题的一般原因可以分为：人员、机器、物料、方法、环境、测量等，简称为"人机物法环量"6大要素。

人，是指与产品生产相关的人的因素，如操作者、检验员、工艺员的身体状况、技术水平、工作责任心等情况。

机，是指机器和工具等因素。在产品生产中机器和工具可能出现的问题，如工具、夹具磨损，机床精度降低等。

物，是指加工用的材料的质量和供给情况因素。

法，是指工作方式、操作方法因素。如动作速度、程序，安装位置、次序等。

环，是指工作环境因素。如照明、噪声、振动、温度、湿度等。

量，是指质量检验测量因素。包括检验测量的工具、方法等。

这6大类因素之间互相独立，又共同构成了生产质量问题的几乎所有方面。

第四步，找到主要原因和根本原因。

当我们找到了很多原因的时候，往往会眼花缭乱，草木皆兵，甚至认为所有原因都应该去重点应对，但是人的精力总是有限的，所以我们只有找到那些关键性的原因才可以做到事半功倍。要寻找问题的根源，我们可以采用追问法，简言之，就是不断地用"为什么？"来进行追问，直至问到深层次的原因。

比如说"小王上班迟到"这个问题，可以这样进行追问。

经理：为什么迟到？

小王：起晚了。

经理：为什么晚起？

小王：睡得晚了。

经理：为什么晚睡？

小王：熬夜看电视剧了。

经理：为什么看电视剧就一定会晚睡呢？

小王：多看了两集。

经理：为什么多看？

小王：我自制力差。

"自制力差→熬夜多看了电视→晚睡→晚起→迟到"，这是合理的因果逻辑。问题问到这里，经理挖到了一个深层次的原因，即小王自制力不强。据此，解决迟到问题的方案和对策应该是提高小王的自制力。

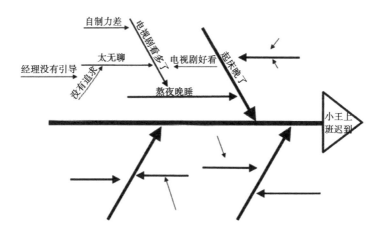

这样的追问结果是有意义的，但是有时候，如果我们不能掌握追问的技巧，就会被带跑偏。我们不妨再来看下面的追问结果。

经理：为什么迟到？

小王：起晚了。

经理：为什么晚起？

小王：睡得晚了。

经理：为什么晚睡？

小王：熬夜看电视剧了。

经理：为什么看电视剧呢？

小王：无聊呗。

经理：为什么会无聊？

小王：没有方向，没有追求。
经理：为什么没有方向和追求呢？
小王：因为经理没有告诉我。
（在这个例子中，小王把迟到的原因全甩给经理了。）

再看另一个追问结果。

经理：为什么迟到？
小王：起晚了。
经理：为什么晚起？
小王：睡得晚了。
经理：为什么晚睡？
小王：熬夜看电视剧了。
经理：为什么看电视剧呢？
小王：电视剧太好看了。
经理：为什么电视剧很好看呢？
小王：因为故事情节好，编剧厉害吧。

（迟到的原因是因为电视剧剧本太好了，因此要解决小王上班迟到的问题，就只能去降低电视剧剧本的质量了。）

这样的结果很显然不是我们想要的,也是不客观的。这就好比小偷被抓后为了开脱自己的罪名,不从自身找原因,而是怪罪"**受害者警惕性太差**"和"**警察没有主动制止他**"。如果小偷不改变自己的看法,那么他被释放后还会再犯罪的。只有更多地关注自身的不足,才能找到问题解决的根本方法。因此,使用追问法的时候,需要重点关注两类原因,一类是和人有关的"**主观原因**",另一类是和问题**直接相关的原因**。小王迟到的主观原因是自制力差,他对迟到这件事在思想上不够重视。虽然他迟到的外部原因有很多,但是我们要主要聚焦小王自身的问题来进行解决。

当我们的问题可能发生偏差的时候,可以采用这样的一种问法,而不是单一的"为什么?",可以是"**就仅有这一个原因吗?**",也可以是"**为什么其他人不像你一样呢?**"。追问有很多技巧。每一个问题都可能是多个原因导致的,每个原因的背后又可能有多个原因导致,以此类推会衍生出很多细小的原因。这就像走路一样,有无数的岔路口,但是只有找到正确的路径,才能达到最终目的地。

如何改进绩效

在问题原因分析完成后,紧接着的工作就是形成任务清单,进而形成改进方案,其中包含具体的行动计划。

改进方案中的行动计划是核心内容,具体的行动措施主要分为3种,具体如下。

第一种,通过自己的能力可以改善或解决问题的行动措施——自己行动来解决问题;

第二种,通过组织和团队的能力可以改善或解决问题的行动措施——通过沟通反馈,整合资源来解决问题;

第三种,外部客观原因,在相当长时间内组织、团队和个人能力都无法改变的现象,只能选择应对。

具体的行动措施,又称之为工作任务项,工作任务项加上时间和责任人,就构成了行动计划。因此,究竟要做什么行动,也就是工作任务项需要明确下来,这是改进方案的关键。

当然这些行动计划的任务项不是空穴来风,而是要根据前期问题原因分析的结果来整合处理后进行匹配,做到"对症下药"。下面还是以面馆的经营为例。

在完成工作任务项的罗列工作(见表3-1)后,就可以形成绩效改进计划表了。在计划表中,应该按照"先重要后次要"的原则进行排列,即工作任务项对绩效改进帮助和促进作用大的排在前边,而作用小的排在后边。

表 3-1 明确工作任务项

序号	原因	工作任务项
1	手机订餐带来外卖业务需求的增长,但是本店外卖响应速度慢,服务质量也不高	① 重视线上点餐的外卖业务,要求年轻的店员把线上各个点餐平台的业务小程序等玩转 ② 对外送食品的包装进行升级换代,确保食品的口感和餐具的使用方便
2	面粉价格上涨,导致面条涨价,引起客户流失	① 回调面条价格,对进店用餐的客户,采用"不够吃,可以加面"和"加面不加价"的增值服务 ② 对于外卖业务,采取"大、小份两个价格"和"3 份以上免配送费"的价格策略
3	店面客户主要为周边学生,受寒暑假等因素的影响较大	进行小区居民和周边写字楼客户的市场拓展,一方面派人在用餐时间在主要出入口散发宣传页;另一方面,向已成交客户赠送"转介绍优惠券",并且给"首单客户"8 折优惠
4	面馆产品主要为几款面条,客户平均消费单价较低	① 增加烧饼、小菜、咸鸭蛋、汽水等附带产品的销售业务 ② 培训点餐员,注意引导客户加鸡蛋、加香肠、加猪肝、加西红柿、加青菜等

还是以面馆的绩效问题改进为例,具体的绩效改进计划表(示例)见表 3-2。

注意,绩效改进计划需要量力而行,可以根据自身资源的实际情况循序渐进进行选择性的安排。

表 3-2 绩效改进计划表

序号	工作任务项	标准	时间	责任人
1	维护线上平台信息	完成各个主要点餐平台的店面上线,实现全布局	1个月内	前台小陈
2	维护线上平台信息	确保已完成店面上线的平台信息更新	6小时内	前台小陈
3	外卖产品品质提升	餐盒、餐具及包装方式做到密封,可以保证在20分钟内保温	两周内	大厨老张
4	价格调整	完成店面价目表更换,在点餐台和店堂张贴促销政策	1周内	店长
5	价格调整	完成线上价目表更新	1周内	前台小陈
6	附带产品的搭配销售	确保点餐员开口率100%,完成搭配销售顾客数量10%	1周内	前台小陈
7	小区居民和周边写字楼客户的市场拓展	完成宣传页的印制	1周内	店长
8	小区居民和周边写字楼客户的市场拓展	完成宣传页的有效发放	持续两个月	实习生小王
9	小区居民和周边写字楼客户的市场拓展	优惠券、新客户折扣促销策略的实施执行	两周内	店长

当绩效改进计划表完成后,后续要做的就是控制计划执行与落地了。这里我们就不做赘述了,和前面计划管理章节中谈到的内容是基本一致的。

另外,在绩效问题的改善和解决过程中,因为会受到各种资源的限制等因素影响,所以最终的执行效果各异。作为经理人,我们应该怀着积极的心态来面对绩效问题的改善工作，"尽人事，听天命"，把我们自己能够做好的事情做好，对于通过整合资源能够做好的事情，我们应该主动沟通协调；对于短时间无法改变的情况，我们还要学会适应，并时刻关注情况的变化以主动猎寻可能的机遇。

"山不来就我，我便去就山。"这也许就是"如何移动富士山"的最好答案。

绩效改进的关键在于"人"，人心在想，事情才能成。我最喜欢的一句英文谚语就是："Where there is a will, there is a way."只要经理人多行动，不能懒；多思考，不能傻；多关心，不冷漠，那么不论是"灰犀牛"还是"黑天鹅"，就都是"浮云"了。

> ▫ 专栏
>
> ## "云学坊"绩效改进工作坊——
> ## 云计算一般的研讨组织技巧
>
> 传统研讨组织的"痛点"在哪？
>
> 如果让 25 个人讨论 5 个业务的难题，最终要得出 5 个问题的讨论结果，那么你将怎么做呢？或许你会把 25 人分成若干小组，每个组都就这 5 个问题进行逐一讨论，并且记录归纳出来，各组之间再进行轮流分享。当讨论结束后，再由会务人员按照问题将各组的讨论结果汇总提炼，形成最终的 5 个问题的讨论结果。
>
> 这样的讨论是不是耗时长？而且各组讨论出来的结果往往又有 80% 以上的相似性，耗费很多的重复性劳动？
>
> 作为参与研讨者中的我可能对这个话题并不感兴趣，可是

我还得勉强参与或者开小差，或者干脆离开讨论区域？

是不是往往讨论第 1 个问题的时候大家都聚精会神，精力充沛，等到讨论第 3 个问题的时候，大家已经开始疲累，再等到第 5 个问题时估计已经昏昏欲睡或者才思枯竭了？

是不是一言堂，一家之言，思考的角度比较狭窄片面，没有碰撞出来创新火花？

那么，怎样避免研讨过程中的这些尴尬情况呢？不妨试试云学坊研讨法。

什么是云学坊研讨法

云学坊研讨法，是原来苏宁团队在集团互联网转型（云商）初期发明的一种高效的研讨方法，主要应用于大区总经理或子公司总经理培训班业务研讨环节。

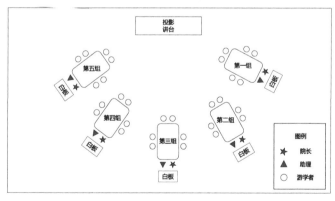

"云学坊"场地示意图

这种研讨方法在"世界咖啡馆"无障碍交流理念启发下，设计了多主题同时并行讨论，每隔 45 分钟讨论组成员轮换的方式进行。

按照讨论议题的数量来设置讨论的小组数量，每个学习小组成为一个"学院"，每个学院设置一名"院长"和一名"助理"，其余人员为"游学者"。

研讨合计进行 4～5 个轮次，要求每个轮次除了院长和助理之外，游学者必须到不同的组提出问题和提供答案，从而赚取学分（卡片或金币等）。

当若干轮次进行完后，游学者回到本学院进行述职并上交学分，由助理进行分数整理统计，大家协助院长完成本组问题答案的总结汇报准备。

云学坊研讨法的特点和价值

（1）多主题同时并行，节省时间。

（2）研讨者自主选择主题，可以提高研讨者的学习效率。

（3）专家担任各个主题牵头人，再结合大众视角，使得问题分析更加全面，方案更具有可操作性。

（4）各个小组之间竞争，有利于确保小组成员的参与度和讨论的趣味性。

云学坊研讨法的适用对象与情境

（1）适用对象：研讨者必须有丰富的相关话题的实操经验或者专业知识，例如中高层管理者、业务专家及岗位工作经验丰富者。

（2）适用情境：问题具有一定的难度及典型代表性。例如，当一个团队在相关领域已经处于领头羊的地位，在探讨业务问题时，外部已经无法给到现成的经验时，就可以采用云学坊研讨法。

云学坊研讨法实施操作的其他要求

（1）人数要求：总人数 18～40 人，3～5 个主题，根据主题分组，每组 6～8 人为宜。

（2）桌型要求：岛状布局，分组后各组采用较为紧凑的布置。

（3）时间要求：整体时长 3～4 小时，划分为 3～4 个轮换阶段，每轮讨论时间 45 分钟左右。

（4）角色设置及职责：角色分配为院长、助理、游学者，外加主持人一名。

◆ 院长职责：

- 负责组织本学院游学者针对主题内容进行研讨，搜集并归纳问题和优秀经验等，并对提出有价值问题、经验的游学者给予积分奖励。
- 有新的游学者到来到学院时，需要先将前面已搜集问题、经验等进行分享，然后主持研讨。
- 最后院长对本主题进行总结性发言，并接受在场所有游学者打分，参选"优秀学院奖"。

◆ 助理职责：协助院长的工作。

◆ 游学者职责：参加各学院主题研讨，发表意见，可以提出问题，分享经验，提出解决方案，为本学院赚取学分，参选"优秀学者奖"。

◆ 主持人职责：负责整个活动的把控及串场。主持人控场能力需要十分强大。

（5）操作流程：主持人调节现场氛围，创造开放、轻松的氛围；通报整体安排，重点介绍院长（嘉宾）、各学院（分桌）主题、角色分配及职责、轮转机制（每轮 45 分钟时间；轮转时院长不动，其他游学者到感兴趣的小组研讨，每组限定 6~8 人）、奖励机制（游学者只能赚取其他学院的学分，院长只能给其他学院的游学者发放学分，发不完的学分作废。）

在第一轮研讨过程中，主持人需听取每组讨论情况，特别要注意调节研讨氛围；在第一轮时间结束前注意提醒时间；第一轮结束，提醒时间到，并组织更换位置（游学者均需轮换，每组限定人数，携带座席卡或姓名牌）。

第二轮和第三轮研讨过程中，主持人要注意调节现场氛围；最后一轮所有人回到开始的位置，给 20 分钟内部小总结，院长对主题研讨问题、经验、技巧等进行总结。

之后，轮值院长结合主题进行总结分享，其他游学者分组给分，过程中结合主题进行小总结。

整体结束时，统计各学院游学者赚取学分总量，同时按照轮值院长发言得分排名分别给予学分，加总后对各学院赚取学分总量排名，根据名次赠送纪念品或奖品。

（6）物料需求

- ◆ 教具：桌、椅、座席卡或姓名牌、白板（数量等于分组数量）、白板笔每组 3 根。
- ◆ 其他：茶歇（咖啡、小食品、水等）、扑克牌（作为学分）、轮值院长帽、奖品（如笔记本、纪念品等）

· 本章小结 ·

问题，就是现实和目标之间的有危害的差距。

问题是永恒的，组织和个人都是在问题的解决过程中发展和成长的。

学会自主发现问题、分析问题、解决问题，是经理人走向成熟的重要标志。

绩效问题的界定标准，就是是否存在差距和是否带来危害。

绩效问题的分析，就是寻找问题产生的原因。

问题分析的主要步骤有，全面罗列、去除无关、分类整理、找到根源。

头脑风暴法、鱼骨图和追问法，都是问题原因分析的常用方法和工具。

问题解决方案的制定，关键在于先建立任务清单，再拟订行动计划。

多关注自己团队力所能及的行动措施，少关注通过协调能采取的行动措施，不过多关注无法改变的客观事实。

对于事半功倍的行动措施应该优先来办，对于事倍功半的行动措施应该循序渐进，对于徒劳无功的行动措施应该及早发现并停止。

管理团队篇

第四项修炼

员工选评

有时候，选择比努力更重要。

- 为什么要管人
- 企业员工有什么特点
- 如何进行员工的分类
- 如何进行员工的选拔
- 面试时如何提问
- 如何进行员工的评估
- 如何和员工进行绩效沟通

为什么要管人

人既是"人口"也是"人手",既消耗资源,又创造价值。企业因为获得了"剩余价值",从而维持了这种雇用关系。作为营利性组织,企业的性质决定了人力既是一种"成本",也是一种"资本"。人力因为具有可变性,现在又经常被称为人力资源,是资源就意味着可以被利用和开发增值。很多企业家都很清楚人力资源管理的重要性,他们会说,"企业的竞争归根结底是人才的竞争",还有"人力资源是第一资源,是企业发展的不竭动力之源"。

作为经理人,我们每个人都需要具备对人的管理能力,做好半个人力资源经理,成为团队管理工作的第一责任人。

"铁打的营盘,流水的兵。"不要奢望一成不变的好,但是我们可以结束一成不变的坏,团队的绩效表现关键在于经理人的经营和打磨。经理人都希望"流失"的人是以下两种:一种是特别差的员工,他们是被淘汰掉的;另一种是特别好的员工,他们被提拔晋升了。同时,经理人还希望表现一般的员工慢慢变得更好。

伴随着业绩的提升,以及经理人的晋级发展,经理人的下属团队规模将越来越大。"衣不如新,人不如故",希望届时可以担任顶梁柱的骨干人员依然还在我们的团队,成为我们的左膀右臂。另外,或许我们也可以为企业或行业的发展贡献更多的优秀人才。

如果经理人能够做到让团队人员的流动变化不影响到团队的绩效表现，这就意味着经理人具备打造高绩效团队的能力。

那么，究竟什么是好团队？

好的团队至少有三大主要特征，分别是：**绩效高，能力强，氛围好**。

绩效高，只是实现了"做到"的层次；能力强，才能实现"做好"的层次；氛围好，才能留住人才、激励人才、发展人才，才能带来持续的高绩效和高质量，才能"做久"。绩效高是目标，而能力强和氛围好都是实现目标的前提保障。

好团队，应该是由一群责任心强、投入度高、协作性好、自信心足、专业能力强且学习创新能力强的人所组成的。

经理人如何打造一支"召之即来、来之能战、战之必胜"的高绩效团队呢？经理人至少要做好团队人员的**选拔评估、人才培养和人才激励**等管理工作。

《韩非子·八经》中有一句话："*下君尽己之能，中君尽人之力，上君尽人之智*。"下君尽己之能，就是平庸的君主使用自己的力量（治理国家）；中君尽人之力，就是一般的君主使用别人的力量（治理国家）；上君尽人之智，就是贤明的君主使用别人的智慧（治理国家）。韩非子的思想，被秦始皇大加赞赏，并被奉为安邦定国的行为准则。

韩非子给现代经理人的启示就是，要善于提升自己用人成事的能力，善于激发员工的工作主动性和积极性，让员工不仅动手干活，还要动脑子思考，用智慧为团队和企业创造价值。

关于企业里面人的问题主要包含"数量""质量"两大类。

第一类是人的数量问题。数量问题就是指经理人想把工作干好，但是没有足够数量的员工去完成工作，那我们要依靠招聘来解决员工数量不足的问题。有时候，我们也会用内部选拔员工进行培训、培养的方法来解决员工结构性短缺的问题。

第二类是人的质量问题。人的质量问题包括两个主要方面：一个是"愿不愿意"做好工作的问题，另一个是"能不能够"做好工作的问题，就是态度和能力这两个方面。

企业员工有什么特点

因为企业是社会性的营利性组织，所以对企业里面的人有一条很重要的要求，就是要创造价值。价值创造在员工身上的直接体现就是员工的绩效，而支撑绩效的是员工符合绩效要求的行为。

要让员工创造出好的绩效，经理人就必须让员工做出符合绩效要求的各种行为。符合绩效要求的行为的产生并不是偶然的，而是以能力、意愿、资源、环境等各种前提条件为基础。

我们举一个最简单的例子。比如说一个房屋销售人员的绩效要求是月度销售不少于10套房子。面对这样一个绩效要求，他必须要做出符合绩效要求的一些销售行为，比如客户需求研判、产品介绍、促销政策介绍、银行贷款政策答疑、客户异议处理等。如果一名销售人员不具备这样的知识、态度和技能，那么他肯定做不出符合绩效要求的行为。

如果客户询问房屋的户型、区位、价格、学区、竞品等情况，销售人员一问三不知，甚至态度冷漠傲慢、爱答不理，或者对客户唯唯诺诺、毕恭毕敬，但是就是解答不了客户的疑惑，也化解不了客户的担心，那这样的行为对于房屋销售绩效的达成是不利的。

要想让销售人员做出符合绩效要求的行为，就必须对他们的知识、技能和态度进行必要的培训和提升。只有增加这些要素，才能改善行为，进而使得绩效改善成为可能。

大家可能知道麦克利兰的"冰山模型"，我要给大家介绍的这个模型，叫作"新冰山模型"，也叫"PBASK 模型"（见图 4-1）。

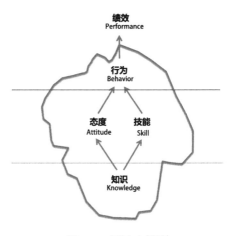

图 4-1　新冰山模型

新在什么地方？新就新在虽然套用了形状一样的模型，但其组成部分却变了。企业对员工的要求就是这个冰山上层的——水面上的部分，即绩效（performance）。绩效取决于可见的行为。行为和绩效都是冰山浮在水面上的可见部分。浮在水面上的体积越大，就需要水面下的部分体积越大，也就是说，水面下的支持部分体积越大，水面上的可见部分的体积才会越大。

水面下用来支撑上面的绩效和行为的关键性要素，就是知识（knowledge）、技能（skill）、态度（attitude）。知识，就是知不知道和理不理解；技能，就是能不能和会不会；态度，就是愿意不愿意和认同不认同。

那么知识、技能和态度之间又有什么样的关系呢？

我认为关系就是：知识决定态度，知识决定技能。知识，是信息的集合体，是人类认知客观世界的结论。

"饭前饭后 15 分钟内不要喝茶，否则会影响消化，对身体健康不利。"这个小知识，往往会导致我们不愿意在饭前 15 分钟到饭后 15 分钟喝茶水。但是，有一则新闻报道了一个长寿村的老人的生活习惯之一，便是用茶水泡饭吃。人们看到这则新闻之后，往往会动摇饭前饭后不喝茶的态度。

以上这则例子说明了知识可以决定态度。除此之外，知识决定态度的事例不胜枚举，例如，销售员说服客户实现产品的销售，企业培训新员工企业文化的课程，媒体播发的一些广告、新闻等改变受众的认同度等。

人们从一个地方去往另一个地方，是一项技能。如果人们去的地方是一个陌生的地方，那么仅凭自身能力是难以到达的。如何改变能力呢？往往人们会去查看地图或者使用手机导航。查看地图或者使用手机导航都是在给人们提供一种知识，知识决定了技能。

开关会议室里边的投影仪，对于很多不经常组织会议的人员来说是一项缺乏的技能，但是如果在会议室张贴了《投影仪操作指南》，就能帮助会议组织人员具备这种技能。这也是知识决定技能的事例。

从新冰山模型可以看出，知识是最底层、最深层次的因素，它决定了态度和技能，态度和技能又共同决定了行为，行为进而影响绩效。所以，可以说知识决定了行为和绩效。这个新冰山模型作为社会科学的一种观点,对于员工的培养和激励都具有重大且实际的指导意义。

如何进行员工的分类

如何进行员工的分类,决定了经理人将会如何进行管理。分类的维度可以有很多,比如司龄、年龄、性别、身高、籍贯、岗位、性格等。

这里我们主要根据能力、意愿的强弱进行划分。员工将被划分为 4 类,分别是:**能力强、意愿强,能力弱、意愿强,能力强、意愿弱,能力弱、意愿强**,见表 4-1。

表 4-1 按能力、意愿的强弱进行员工的分类

意愿		能力	
		强	弱
	强	能力强、意愿强	能力弱、意愿强
	弱	能力强、意愿弱	能力弱、意愿弱

如果用《西游记》中的取经团队来说,唐僧是经理人,3 个徒弟是员工,那么这些人的分类见表 4-2。

表 4-2 《西游记》取经团队的分类

意愿		能力	
		强	弱
	强	—	沙和尚
	弱	孙悟空	猪八戒

在同一个团队中,是不是 3 个孙悟空就很好,3 个猪八戒就很好,或者 3 个沙和尚就很好?显然都不好,反而是相互搭配、组

合在一起，相互取长补短会更好。

同时，经理人也要让每一名员工知道自己在团队中的定位。这种定位具有一定的稳定性，但是并非一成不变。能力会随着经验的积累和时间的推移逐渐提升，意愿也会伴随着成功和挫折而上下波动。

每一位经理人都渴望自己的团队中有很多"能力强、意愿强"的员工，但是可惜的是，这种"完美员工"经常"缺货"。经理人们不得不选择、任用和培养一些不完美的员工。这就是为什么作为一名经理人，既要有容人之短的胸怀，又要有用人所长的慧眼，还要有以事成人的能力。

按照能力和意愿的强弱分类，员工可以被分为上述 4 种类型，如果按照强、中、弱来分类，员工就可以被分为 9 种类型，见表 4-3。

表 4-3 按能力、意愿的强、中、弱进行员工的分类

		能力		
		强	中	弱
意愿	强	能力强、意愿强	能力中、意愿强	能力弱、意愿强
	中	能力强、意愿中	能力中、意愿中	能力弱、意愿中
	弱	能力强、意愿弱	能力中、意愿弱	能力弱、意愿弱

经理人不妨使用 9 种类型的划分来看看自己团队成员的情况分布，以方便因人而异地进行任用和培养。

如何进行员工的选拔

在选拔员工的时候，经理人要充分了解他们的态度意愿，主

要是他们对于团队责任和使命的认同感，还有价值观方面的匹配度。因为一个人的内在动机和价值观相对是比较稳定的，很难在短时间内发生根本性的改变。认同就是认同，不认同就是不认同。有时候，也可以将这种认同感和匹配度称为"企业文化融合性"。此时，"选择比努力更重要"。

还有一种"选择比努力更重要"的原因，主要体现在基本素质方面。基本素质主要体现在这个人的智商和情商两个方面。智商主要是指学习领悟能力；情商主要是指对别人情绪和情感的感知能力，对自我情绪和情感处理的能力，以及采取有效反馈手段去影响别人情绪和情感的能力。这种能力也是在长期的社会生活中，通过频繁的人际互动获得的。其形成的时间特别长，除非有些极端的事件对人进行刺激，否则很难改变。通常被人说"脑子不开窍"和情商低的人，往往很难处理好人际关系。对于很多工作岗位来说，情商都是很重要的一种基础性能力。

智商高的人在处理问题时，往往会偏重于对事情的关注，偏好于自己设法解决具体问题；情商高的人在处理问题时，往往会偏重于对人的感受的关注，偏好于通过沟通和协调别人来解决具体问题。这两种能力都很重要，但是两种能力都很高的员工却常常少有。

还有一部分的能力，主要是业务方面的专业能力，它不属于个人的基础素质，但是也很难在短时间内获得，需要依靠经年累月的工作实践来获得。因此，在选拔员工的时候，这种能力也应该被视为先天能力。注意，这里说的先天是一个相对的概念，主要是指无法通过几个月或者 1~2 年后天培养就能够具备；如果需要 5~10 年甚至 20 年这么长的时间才能够具备这种能力，我们就称这种能力为先天能力。

综上来看，经理在选拔员工的时候，要重点关注候选人的**基本素质、专业能力和企业文化融合性**等因素。

候选人的其他个性化因素，则需要经理人根据企业的相关制度和资源情况作为参考进行考虑。比如，经理人在选拔员工时还应该注意该候选人过往的工作履历和他人评价，通过查看简历中3年以上的工作经历来确认该候选人的稳定性，通过背景调查询问了解候选人在过往工作中的综合表现情况，对于频繁变换工作和调查反馈情况不好的人员应该不予录用。

我们也可以借助表4-4进行人员的选拔评估。

表4-4 选拔员工评估表

评估维度 候选人	基本素质 (高、中、低)	专业能力 (高、中、低)	企业文化融合性 (高、中、低)	其他
张三				
李四				
王五				
赵六				
综合意见：				
面试官：				

一般来说，基层人员和学校应届毕业生的选拔应该重点考察候选人的基本素质，企业文化融合性是可以后天引导的，专业能力也是可以慢慢培养的；中层人员的选拔应该重点考察候选人的专业能力，因为他们更加关注的是物质回报，企业也更加需要利用他们的专业能力来创造价值；高层人员的选拔则需要重点考虑候选人的企业文化融合性，"道不同，不相为谋"，企业更加看重能否找到事业的合伙人。

面试时如何提问

在面试沟通环节，经理人作为面试官，可以设计一些结构化的面试，比如说可以询问如下几个问题。

"你做过什么？"
"你做成过什么？"
"在这个项目中，你的角色是什么？"
"你为什么离开上一家企业？"
"你为什么想应聘我们企业的这个岗位？"
"如果我录用你，你觉得可能的理由是什么？"
"如果我不录用你，你觉得最可能的原因是什么？"
"你有什么问题需要问我的吗？"

为什么要问这些问题呢，下面我来做一个简要的解释。

1."你做过什么？"

通过这个问题来了解候选人的工作履历，重点考察其对行业、岗位工作的经验。这个问题只需要候选人做出清晰明了的介绍和回答即可，面试官要留意候选人口述和个人简历上的信息是否一致，不一致的地方就是可能的隐患点。比如说，履历中有些时间段缺失，而原因不明。在现实中，读书上学、服兵役、犯罪服刑、重大疾病等，都常常是简历中断的主要原因，但是很少出现长时间的无业或待业原因造成的简历中断。如果面试官发现候选人不能清晰说明自己的工作履历，则建议不予录用。

2."你做成过什么？"

通过这个问题可以了解候选人的工作成果，进而判断其工作的能力。能够不假思索地罗列出自己的"丰功伟绩",并且滔滔不绝,自信满满地表述这些成绩的候选人,通常是对工作充满激情的好员工,建议优先录用。

如果候选人不能清楚地说明过往的工作成果和个人收获,当被问及工作细节时不能准确回答,则说明成果可能涉嫌造假,存在较大"水分",同时也可能说明候选人的工作参与程度低,思考的深度也不够,则不建议录用。

3."在这个项目中,你的角色是什么?"

通过这个问题了解候选人的岗位职责、管理层级以及在工作中的角色定位。比如说,当候选人谈及自己曾经在一个非常成功的项目团队中工作,那么经理人应该要通过询问深入了解其在团队的角色、发挥的作用和个人能力等信息。候选人说到"负责""协助管理""核心骨干""普通成员""全程参与""部分过程参与",则说明其在项目中的角色的重要程度分别是:非常重要、很重要、重要、一般、不太重要、不重要等。

4."你为什么离开上一家企业?"

面试官询问该问题,主要是想了解该候选人的情商水平。如果候选人说不清离开的原因或者吐槽上家企业,则说明其情商可能偏低。一个不懂得感恩,也不懂得从自身找问题的人,在新的团队中应该也不会有好的表现。因此,说不清楚上家离职原因和不懂得从自身找问题的候选人,原则上可以淘汰了。

5."你为什么想应聘我们企业的这个岗位?"

通过这个问题,面试官一方面是想了解候选人对自我的角色定位是否准确,另一方面也想通过此问题了解候选人对本企业的了解程度和认同度。如果他不能恰当地回答这个问题，则这说明他自己对这次择业不是很重视，对自己的职业发展定位也不甚明了。

有些候选人，是"病急乱投医"，采用"广撒网"的方式来争取新的工作机会，他们并非"为你而来"，他们甚至都不清楚将要应聘的这家企业的基本业务是什么，也没有通过体验和背景调查更多地了解企业的产品、行业地位、企业规模、企业文化和岗位要求等信息。这种对企业没有了解，更谈不上价值认同的候选人，也建议不予录用。

6."如果我录用你，你觉得可能的理由是什么？"

该问题主要是让候选人来陈述自己的优点和企业岗位需求的匹配度，对于候选人来说是一个自我推销的机会。如果候选人不能认识到自身的特点和企业岗位需求的匹配点，那么就说明他对自身或者企业岗位需求的了解程度还不够。如果候选人不懂得利用这个机会来推销自己，那么说明其自信心或情商也可能存在一些不足。另外，夸夸其谈的候选人往往是不自知或过于自负的，面试官也应该予以重视。这样的人往往过于自我，将不利于团队的合作，也不建议录用。

知道自己是谁，知道自己想要什么，也知道目标岗位的要求是什么，企业可以提供给自己什么，这样的候选人才是比较理性和成熟的。我们应该优先考虑录用。

7."如果我不录用你，你觉得最可能的原因是什么？"

该问题主要测试候选人的压力承受能力，因为能够坦诚又适度地面对自己的不足是需要勇气和智慧的。通过回答，我们也可以基本判断候选人的自我认知水平，尤其是自信程度和性格类型。这个问题也在帮助面试官进行自我反思，是否忽略了候选人哪些方面的缺点和不足，进而帮助面试官思考录用此人的风险点和相应的保障措施。

如果候选人不能坦诚以对，则说明其不足够自信和开放。经理人应该更欢迎相对自信、坦诚和开放的人。如果候选人可以从容淡定地回答这个问题，并且说明不论录用与否，他对自己的尊重和对企业的尊重都不会改变，则说明候选人的基本素养和成熟度是很高的。

8."你有什么问题需要问我的吗？"

该问题主要是想通过候选人的自主提问，来了解他的思考深度、关注点和人际交往的尺度把握程度等。如果候选人问一些关于企业和岗位的基本情况，则说明其准备工作还没有做好；如果候选人问一些关于工作的细节内容等，则说明其是偏务实的实干者；如果候选人问一些关于薪资方面的问题，则说明其对自己的实力是有信心的，同时很关心薪资水平；如果候选人问了一些关于假期和工作时长的问题，则说明其可能需要把更多的时间和精力放在家庭或者其他方面；如果候选人问了一些关于未来工作团队的情况，则说明其关注人际关系和团队的氛围；如果候选人问了太多问题，那可以基本判断这个人情商是不高的，因为其不懂得适可而止；如果候选人没有问题，那么可能说明其对成功应聘这个岗位已经失去了信心，觉得没必要再问了。当然，候选人没有问题要问,也可能是因为其认为每家企业都有优缺点,这些优缺点都没什么特别要紧的。

看起来简单的问题,其实背后都有相对严谨的逻辑。如果我们通过面试询问并了解到候选人的工作经历、能力、岗位经验、思想重视程度、情商、思考深度和性格等信息,那么,我们做出是否录用的决定就比较简单了。

面试选人的成功率,主要依靠经理人自己的经验积累来提升。如果在担任面试官的初期,我们无法确定某个候选人是否与岗位需求匹配,那么经理人只需要做一件事情来辅助判断,那就是:面试更多候选人,通过"比较"来进行决策。这就是"不怕不识货,就怕货比货"。

还有一点可以提高面试选人的成功率,那就是增加面试官的人数,邀请更有经验的经理人担任面试官。有很多的企业甚至剥夺了新经理的面试决策权,因为通过短时间的一次面谈来判断一个人是否与岗位需求匹配,是一件特别有难度的事情。但是,即使没有面试决策权,新经理也应该主动争取做面试官的机会,这样才能不断提高自己选人的能力。

如何进行员工的评估

工作,是选人的最好工具,也是评估人的最好工具。

一个员工是不是一个好员工,需要经理人通过工作任务的安排来确定,因为"事实胜于雄辩"。在接受工作时夸夸其谈,而在工作完成不了的时候又寻找各种理由和借口的员工属于"不靠谱"的员工。对于"不靠谱"的员工,经理人要小心提防,选择合适机会予以淘汰。

我们要评估一个员工最好的方式就是**通过他的绩效产出来衡量**，这样的评估和衡量方式对于员工本人和团队其他成员来说也是公平的。一个人的晋级加薪都应该和绩效贡献直接关联，且成正比例关系，也就是说，做出的贡献越大，得到的利益也应该越多。有一句俗语"多劳多得，少劳少得，不劳不得"，其实表述得不是特别准确，因为"劳动"不代表"产出"，不排除有的人"出工不出活"。伴随绩效考核的精细化，"滥竽充数"和"吃大锅饭"的情况会越来越少，相对公平的分配会越来越普遍。

虽然我们说绩效贡献是第一位的评估维度，但是也不能绝对化地一概而论。绩效的影响因素是综合的，员工本身的主观能动性的发挥固然重要，但是外部环境、公司内部工作环境以及业务工作本身的变化，也会带来绩效的波动。因此，经理人在对员工进行评估时，要兼顾员工的努力程度、工作本身的难度、工作量、服从性以及其他行为表现等因素。这样做出的评估，才是比较客观和公平的。

有时候纯粹的绩效评估看起来更公平，但是实际上却不公平。是不是只看功劳，不看苦劳？当然不是。其实，**从某种意义上来说，"苦劳"也是一种"功劳"**。唐僧西天取经团队中，沙和尚有没有功劳？他的功劳，准确地说就是"苦劳"。假设没有了他这样的老黄牛式的成员，挑担喂马的工作谁来做？团队也像一个人体，人体中的手脚卖力气干活赚钱，但是如果没有其他辅助系统的支持，比如说消化系统、呼吸系统、血液循环系统等，手脚也只是摆设罢了。在团队中，有些人发挥的是辅助作用，有些人发挥的是主导作用，**经理人不能忽略辅助型员工的作用**。

员工视角的公平和经理人视角的公平，其实会存在巨大的差异，因为员工考虑问题的角度和出发点比较偏向个人，经理人的角度和出发点则比较全面。有时候，我们把这种情况叫作"员工的层面和高度不够"。既然存在着对公平的不同认识，那么如果经理人不能进行及时的沟通和解释，会导致下属员工的误解和不满增加。另外，要做到"一碗水端平"很难，这种公平只能是相对的公平。

有些经理人，在一个阶段的工作结束后，会召开一个团队会议来通报团队整体的绩效和每个人的贡献，并且根据个人贡献的大小来分配各种激励的资源，并做好相应的解释。这种把评估过程摊在桌面上当众公布和解释的行为，其实是需要勇气的，因为只有经理人自己做了大量的前期准备工作才能做到这样。这些前期工作就包括绩效和其他综合行为表现的数据收集，价值贡献的衡量和评估，激励资源的盘点和分配，对下属团队状况的综合判断等。

如何和员工进行绩效沟通

在做完员工的评估之后，经理人往往需要和员工进行一次**面对面的坦诚的绩效沟通**。沟通的内容应该主要包含员工个人工作目标的实现情况、团队的综合表现、员工对团队的价值贡献、员工表现出来的优点和缺点、下一步的个人发展建议等。绩效沟通可以采用互动的方式进行。经理人也可以通过一对一当面沟通的方式来了解员工对于团队情况和自身工作表现的意见、建议、思路和设想。

有一个案例来自电视剧《温州一家人》，它直观又戏剧性地说明了绩效面谈的基本原则。

饭店老板巴尔对员工阿雨的绩效沟通

阿雨来到巴尔的饭店已经工作一段时间了,她的主要工作就是打杂,并帮助巴尔照顾他的有点智力问题的儿子大卫。这天,巴尔要给阿雨发工资了。

"情况是这样的。"巴尔翻起了小记事本,"这段时间你洗餐盘的时候,共打碎两个餐盘、三只酒杯,餐盘和酒杯用了快一年,得折旧,你只需赔很少的钱。"巴尔说着从那一沓钱上拿走几张。

"有一次,客人点菜,你把菜单记错了,客人退了这份菜,这钱也应该由你赔偿。"巴尔说着又从那一沓钱上拿走几张。

"有一次你上菜的时候,大拇指插进汤里,被客人看到,我们只好给他重做了一份,这份汤的钱你需要赔偿。"巴尔说完,又拿走几张,"因为你这不雅举动,败坏了我的饭店声誉,我应该罚你。"

阿雨看到那些钱已经所剩无几,心里很失望。她原先惊喜的表情随着巴尔一次次拿走钱而彻底消失。

"我知道你损失了这么多钱很心疼,不过咱们之间的账还没有完。"巴尔说着从另一个兜里掏出一个小记事本,在阿雨面前一晃,"这是你照顾大卫的收入。"说着他掏出一沓钱,放在餐桌上。

阿雨的脸上立即有了笑容。

巴尔说："还是那句话，你别高兴得太早。你照顾大卫也有不尽职的地方，我要相应地减去付给你的酬金。你第一天给大卫收拾房间的时候，床套铺得不平整，我重新铺了一遍，要扣你的钱。"巴尔从那一沓钱上拿走几张。

阿雨不满地说："这也要扣钱啊！"

"照顾大卫是你的事，你没有干好，还得我动手替你干，当然得扣你的钱。"他看了一眼小记事本，接着说，"有一天早晨大卫脱下衣服，你没有马上洗，而是和第二天脱下的衣服合在一起洗，也要扣钱。"他从那一沓钱里拿走几张。

"衣服我最后不是洗了吗？也洗干净了，凭什么扣我的钱？"

"当天的事必须当天完成，衣服多放一天没有洗，肯定要滋生不少细菌，对我的天才儿子的健康不利，当然得扣你的钱了。"餐桌上的钱越拿越少，只剩薄薄的一小沓。

阿雨有些不知所措，眼圈微红。

巴尔看着阿雨微笑道："不要怕，我扣得不算多，你还有应得的奖励。"说着他又从兜里掏出个小记事本翻起来，"你第一天早晨去照顾我的天才儿子的时候，大卫和你开玩笑，在门上放了一摞东西砸着了你，你受了委屈，我要奖励你。"他拿几张钱放在桌上。

阿雨不知道巴尔葫芦里卖的什么药，愣愣地看着他。

"第二天早晨你去照顾大卫，大卫为了活跃气氛，用透明鱼线把你绊倒了，你受了委屈，我还要奖励你。"说着又把几张钱放在桌上。

阿雨看看那一沓渐渐厚起来的钱，又看了看巴尔，不大敢相信眼前这一幕。

"有一天中午,大卫尿了裤子,他自己没发现就下了楼,你发现了,督促他赶快回去换。这件事我不容易发现,大卫也不会说,但你做到了,我要奖励你。"说着又拿出几张钱放在那沓钱上。

阿雨脸上开始有了笑容。

"还有,你很机灵,警察来检查非法用工,你随机应变,简直就是一只钻来钻去,钻得让人眼花缭乱的小松鼠。你很聪明,到意大利才半年多,就会意大利语,使得咱们之间可以交流。你觉得我是个可恶的人吗?不是吧?你会说出你对我的判断,你会表达愤怒、喜悦,你会讲出你的理由。你干活虽然出了这样那样的差错,但毕竟你还是适应了这里的工作,我相信你以后会干得更好。"

巴尔奖励给阿雨的金钱数额,多于被扣的数额。巴尔拿起餐桌上的钱递给阿雨,说:"收下吧,这是你靠干活换来的。"

阿雨接过钱兴奋地说:"谢谢您,巴尔先生。您不是一个可恶的人,您是一个外表看起来可怕,但内心非常善良的金刚。晚安。"说完,她朝楼上跑去。

这则案例直观地说明了绩效沟通要遵循赏罚分明的原则。经理人不但要告诉员工做得好的方面,也要指出做得不到位的方面,并且用薪资或其他方式进行相应的匹配。

薪酬是对上一阶段工作的反馈,务必做到公平。原则上,不建议把薪酬作为对未来下一阶段员工行为表现和贡献的一种预支和期许。虽然薪酬不体现未来表现,但是在绩效沟通时,经理人要明确告诉员工未来怎么做是更好的,帮助员工明确改进的方向,甚至告诉其改进的方法。

在对员工进行评估的过程中,直属上级经理人的意见是最重要的，不建议组织中的人力资源部门和上上级主管过多干预。因为，通常员工的直属上级经理人是最了解具体情况的人，另外直属上级经理人也需要经过综合权衡来考虑评估的结果。另外，不过多干涉直属上级经理人的评估结果，有助于维护直属上级经理人的个人权威，也有助于保障团队未来的执行力。因为，如果干涉过度，直属上级经理人的权威将大打折扣，他们对组织的信任度也会降低，进而导致他们的责任心和工作积极性大减。

·本章小结·

经理人，是团队人力资源管理工作的第一责任人。

关于团队中人的问题，从大的方面来看，主要是"数量"和"质量"的问题。

人的知识决定了态度和技能，态度和技能决定了行为，行为决定了绩效。

经理人都渴望"能力强意愿强"的员工，但这种"完美员工"却经常"缺货"。

经理人，既要有容人之短的胸怀，又要有用人所长的慧眼，还要有以事成人的能力。

工作，是选人的最好工具，也是评估人的最好工具。

绩效贡献是第一位的评估维度，但是也不能绝对化地一概而论。

从某种意义上来说，苦劳也是一种功劳。

经理人进行员工评估时，应该考虑得更加全面，做到相对的公平。

经理人和员工的绩效沟通必不可少。

员工直属上级经理人的评估权力，应该受到组织的足够尊重。

第五项修炼

员工培养

学而不厌,诲人不倦。

- 培养员工有必要吗
- 员工是如何学习的
- 如何教会员工一项新技能
- 新员工如何培养
- 老员工如何培养
- 如何针对工作不足进行沟通反馈
- 如何来做员工的思想教育工作

培养员工有必要吗

一位新经理抱怨:"我平时工作真的太忙了,哪有时间来培训员工啊!"

这位经理可能误解了员工培养工作。首先,他可能把员工培养工作视作一种负担;其次,他认为做好工作和培养员工是相互冲突的各自独立的两件事。

在这里我们首先要明确以下几点。

第一,培养员工本来就是经理人的职责之一。

第二,员工的成长通常都是伴随着工作绩效的提升同步进行的,员工是在工作中学习和进步的。

第三,员工的能力提升,将有利于团队绩效和效率的提升,有利于缓解经理人的工作负担。只有通过培养员工来提升团队的能力，才能从根本上解决经理人面临的若干问题。

还有些经理人会担心："教会了徒弟，饿死了师傅。"

会不会出现这种情况，其实主要是看企业的资源情况。如果企业的资源有限，员工的发展空间和薪酬待遇等都十分有限，那么确实会造成师徒的竞争关系；但是如果企业的资源丰富，发展机会较多，公司业务发展潜力较大，那么徒弟可以做师傅的工作了，师傅也就可以晋升，做更高职位的工作了；还有一点，教会别人的过程也是我们自身专业能力进一步巩固和强化的过程，也是自我学习的过程，因此经理人也不要想得过于狭隘。

还有一些经理人担心："培养员工是一件徒劳无功的事情，对自己根本没有什么好处，因为员工一旦翅膀硬了，还没有为团队创造出多少价值，就跳槽离开了。"

这种担心也是可以理解的，但是我们不能因噎废食，不能因为有人可能会离职就不进行员工培养了。如果团队中出现了严重的人员流失现象，那么我们就应该思考员工激励是不是出了问题。另外，如果培养的方式得当，员工能力提升的过程应该也是他们为企业创造和贡献价值的过程。企业付出了培养的代价，但是员工也做出了贡献，员工贡献和企业代价无法完全画等号。

以上都是对员工培养工作的一些常见误解，如果不能及时纠偏，它们会对团队的绩效提升十分不利。我们不能把员工的能力不足都归咎于人力资源管理部门招聘的人不行，或者人力资源管理部门组织的培训不行，也不能说公司给到的员工培养的资源太少，经理人应该反思自己在员工培养工作方面花的心思究竟有多少，付出的时间究竟有多少。

同时，我们也欣喜地看到在企业中真正想成就一番事业的经理人，都会十分重视团队的员工培养工作，他们会和人力资源管理部门通力配合协调，在团队内部也会有意识地安排员工互相学习交流，还会指派能力强的骨干人员做新人的师傅进行带教，也会通过安排挑战性的工作来激发员工的工作潜力。他们也会积极主动地参与企业的人才梯队培养工作，愿意让自己团队的优秀员工参与更多的学习和选评工作。

我们也要区分员工培养和员工培训工作。虽然员工培训是培养工作的重要构成，但是仅仅对员工进行课堂培训是远远不够的。员工培养工作是一种系统性工作，包含很多不同的形式和内容，比如说：技能培训、工作的指导、思想的引导教育等。经理人利用员工培养工作的"梯子"帮助员工提升能力，改进不足，不断成长，以达到企业及岗位需求的更高位置。

员工是如何学习的

要想帮助员工成长进步，经理人首先需要知道员工是如何学习的。下面我们来看一个案例。

经理："小张啊，你已经入职几个月了，怎么连这么小的方案都写不好。"

下属小张："经理，都是我不好，下次我会注意改正的。那您看怎么办?"

经理:"好吧。这次先这样吧。我再来帮你修改。不过,这是最后一次了,下不为例!"

下属小张:"好的。谢谢经理!您人真好。"

经理:"去去去!别耽误我的时间。"

从这个案例中,我们可以看到经理人是一个"好人",也是一个"忙人"。其实,他也是一个"蠢人"和"罪人",因为他错过了培养员工的绝佳机会。这样的结果就是,经理越来越能干,越来越辛苦,而员工却越来越低能,越来越清闲。我们似乎看到了一幅景象,经理人在撸起袖子干活的时候,员工在一旁竖起大拇指说:"经理,您真棒!"

其实,工作就是最好的学习。经理人可以利用工作的机会来培养员工的责任心,提升他们的综合业务技能,也可以利用工作的成果来给员工树立自信心,带给他们成就感。

员工的培养,绝对不是把员工送到培训的课堂就万事大吉了。

微软公司内部做过的一次调研结果表明:企业员工能力的主要来源有三个,分别是自我在岗实践、他人经验分享和脱岗培训。

首先,能力的 70% 来源于自我在岗实践;其次,能力的 20% 来源于他人经验分享;最后,只有 10% 的能力来源于脱岗培训,即在培训课堂上的学习。这一结论,也被称之为 "70-20-10 法则"(见图 5-1)。这一法则被各个行业广泛认可。

所以,作为经理人的我们应该要非常清楚知道 "70-20-10 法则"的道理。通过对员工进行培训和辅导来提升员工的能力,不应该依赖于教室里面的脱岗培训,而应该主要在实际工作实践当中,在实际问题的解决过程中,在完成任务的过程当中,进行必要的、适当的辅导来培养他们。

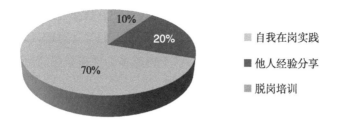

图 5-1　70-20-10 法则

成年人的学习往往是在自己的亲身实践中进行的。美国教育学家大卫·库伯（David Kolb）的"体验式学习"理论也说明了这一点。

他提出来这种"体验式学习圈"，总共分为 4 个步骤：具体体验—反思观察—抽象概括—主动检验（见图 5-2）。他认为成年人学习先要体验，在体验之后获得具体的经验，再进行反思和回顾，最后通过归纳总结获得抽象的结论，然后再到实践中检验。通过这样一个循环往复的过程，人们能够更好地学习。这一理论强调成年人学习的过程通常是以学习者自己亲身实践为基础的循环往复的体验过程。

图 5-2　体验式学习圈

综上所述，员工自身的亲身实践是十分重要的。干中学，在工作中学习，在工作中获得成长。经理人们常常对新入职场的大学毕业生们说的一句话就是："干得越多，学得越快。"企业家们也说："企业就是最好的商学院。"

当然，学习会受到很多因素的影响，比如说：学习能力、价值观、年龄、职业发展阶段、团队氛围、激励机制、环境条件等。不同员工的学习特点和学习能力是有差异的，所以应该因材施教。

如何才能够做到因人而异的个性化培养呢？师徒带教的方式就是一个不错的选择。师傅带徒弟，又称之为在岗带教（on-the-job training），这是一个很古老的方法，但是这个方法至今仍然盛行并且十分有效。

仔细对比课堂培训和在岗带教，我们就会发现它们各自的特点，并且会发现在岗带教的优势所在：在岗带教是双向互动的，学员有任何问题可以随时提出并得到反馈；师傅可以根据学员的情况进行个别辅导，有利于节省教学资源；教学内容由学员主导，往往是学员遇到的问题牵引着师傅的教学内容；在岗带教的时间较长，且有实践练习的机会，便于学员掌握所学。孔子也曾说过"不愤不启，不悱不发"。这句话也是"启发"一词的来源，意思是老师教导学生，不到学生想弄明白而弄不明白的时候，不去指导他；不到他想出来却说不出来的时候，不去启发他。另外，在岗带教不仅对学员的技能提升有所帮助，还可以培养学员的责任感，调动他们的学习自主性。这种学习过程也能够很好地激发出学员的潜力。在岗带教对具备一些基础性知识和能力的人更为有效，如果学员是一个"职场小白"，他对基本的概念都不了解，就会使带教的过程显得非常艰辛。课堂培训和在岗带教在方式特点上的对比见表 5-1。

表 5-1　课堂培训和在岗带教在方式、特点上的对比

	课堂培训	在岗带教
方式	①单向传授知识 ②内容方式相对单一 ③教学内容由老师主导	①双向互动 ②师傅可以根据学员的情况进行个别辅导 ③教学内容由学员主导
特点	①时间短，教的东西学员难以掌握 ②学员（听的一方）容易被动 ③能力有一时的提高，但长期很难促进学员的成长 ④对缺乏知识、经验的人更有效	①时间长，教的东西学员能够掌握 ②可以培养学员的责任感，调动他们的学习自主性 ③能够激发出学员的潜力 ④对有基础性知识和能力的人更有效

在岗带教具有很多优点，但是也有其局限性，比如说：教学内容的不系统，教学计划性差，教学内容依赖于师傅个人的经验等。因为学员的学习效果会受制于师傅的态度和能力，所以公司需要在带教师傅的选择方面下一番特别的功夫。

综上所述，以在岗带教为主，其他方式为辅，多种方式相结合的方式来培养员工是更好的方式。另外，根据不同的培养目的，也应该匹配不同的培养方式。员工在态度、意愿和价值观方面的转变，需要经理人以沟通引导的方式为主；员工在技能方面的提升，则需要以岗位实践观摩、模拟练习和实际操作的方式为主；员工在知识方面的补充，则可以通过自学、讲解等方式来进行。

如何教会员工一项新技能

有一位经理人说:"哎,我还从没遇到过这么笨的人呢。我已经教过他很多遍了,他还是做不到位。现在,我也没有办法了!"

教了很多遍还做不到位,是因为什么呢?我们可以试想以下几种情况。

就算我们说了,员工听见了吗?
就算他听见了,他听懂了吗?
就算他听懂了,他认同了吗?
就算他认同了,他会做了吗?
就算他会做了,他有必要的工具吗?
就算他有工具了,他的行为得到环境支持了吗?
……

因此,"说了"和"做到位了"之间的距离相隔有"十万八千里"。仅仅从教学的角度来看,由"教过他"到"他会做了"这中间也是相隔很远的。毕竟,教过他很多遍和他自己做过很多遍是不一样的。经理人真正需要关心的,是员工究竟做过多少遍了,因为学习的主体毕竟是员工,而非经理人。

我们很难想象一个没有下过水的孩子不用学就会游泳,也没见过一个人不用练习就会开车。所以，要想让员工学会一项新技能，就需要让员工有更多实操练习的机会。

培训员工的本质在于通过增加员工的知识，并且强调在工作实践中对知识的运用，进而改变他们的态度或技能。这种知识可以来自直接的经验和间接的经验，但是在工作场所中获取的直接经验是知识获得的主要途径。上文中讲到的"干中学"就是这个道理。

那么，员工学习效果的影响因素究竟有哪些呢？ 认知能力、动作协调性、性格、心态、团队氛围、压力、荣誉感、自信心、主动性、学习方法、老师、教学环境、考核奖惩、练习次数等，都是员工学习效果的影响因素。

虽然影响因素很多，但是通常来说，主要影响因素是员工的练习次数和学习方法。"曲不离口，拳不离手"讲的就是多练习的道理。虽然要"多练"，但是没有科学方法的"苦练"也是不行的，要学会"巧练"。

那么具体应该如何教会员工一项新技能呢？我推荐大家采用这样的四步法来完成：**讲解—示范—练习—实操**，口诀是**"我说你听，我做你看，你做我看，你做我查"**。这里的"你"指员工，"我"指经理人。在不同的步骤中，经理人需要采取的工作行为也有所不同（见图 5-3）。

第一步，经理人讲解，员工听讲。经理人要讲解学习的意义和价值，讲解步骤方法和操作技巧。

第二步，经理人示范，员工观摩。经理人不能光说不做，可以边做边说，甚至可以向员工提问，或鼓励员工提问。

第三步，员工练习，经理人指导。让员工自己上手练习起来，期间他们会遇到各种各样的问题，需要经理人一一回答。员工第一次完全独立完成工作是比较困难的，但是随着时间的推移，他们就可以"熟能生巧"了。

图 5-3　技能辅导的步骤

第四步，员工实操，经理人督查。伴随着员工们可以相对熟练地掌握这项新技能，经理人就可以让员工们在他们的实际工作中去运用所学的新技能了，只是这时候经理人需要不时地从旁督导和检查。

技能培训的注意事项如下。

（1）循序渐进。我们不能期望"一口吃成个胖子"，因为"罗马也不是一天建成的"。经理人需要根据员工的接受程度，循序渐进，分段进行。如果操之过急，就会出现"拔苗助长"的效果，反而不利于技能的学习掌握和运用。

（2）引导强制。经理人在耐心引导的同时，可以配合强制的手段。有时采用一些处罚性手段，可以很好地加强员工的记忆，进而帮助他们改掉坏习惯。有些团队内部会对犯错的员工采用罚款和体能处罚的方式，对员工的学习进行辅助性的强化。体能处罚包括做俯卧撑、深蹲、仰卧起坐、平板支撑等。还有些团队会让犯错的员工玩类似于"真心话大冒险"游戏，让他们对着陌生人大声说出自己犯过的错误。这些所谓的"惩罚"是十分有效的，有时候也是很有趣的。

（3）**宽容错误**。一定要允许员工犯错误，犯错误本身就是一种学习的反馈，员工也可以从错误中学习。如果担心犯错，就很难掌握新的技能。因此，采用模拟系统和实训基地让员工模拟练习，是很好的防止员工犯错造成不良后果的一种方式。飞行员和宇航员的培养，往往先是在和真机1∶1的模拟仓内完成的；医生手术能力的培养，也是先从解剖尸体标本开始的；小孩子学习走路的过程也伴随着很多次的摔倒。犯错误是难免的，最重要的是可以在错误中反思、总结并提升。

新员工如何培养

新员工"初来乍到，摸不着门道"，他们十分需要经理人和老员工的帮助。我们先就新员工试用期的培养和培训工作做些介绍。新员工一般都会经历：入职培训、企业文化强化集训、岗位业务技能培训、试用期转正考核和试用期结束的转正沟通等环节。

新员工，又可以分为学校招聘的新员工和社会招聘的新员工。

对于校招新员工而言，进入企业的初期往往是"两眼一抹黑"。他们就像一张白纸，对于行业、企业都不了解，对于岗位的职责、工作流程等也不了解，也缺乏个人的工作能力和职业素养。校招新员工，要面临双重挑战：第一，他们要从"学校人"成为"企业人"，实现角色的转变；第二，他们还要尽快从"门外汉"变成"入门者"，从"生手"变成"熟手"。

对于社招新员工来说，就比校招员工好一点了。社招新员工至少已经解决了职业角色的转变和职业素养训练的问题，在行业经验和岗位技能方面，他们也掌握更好。但是社招新员工也会遇到比较大的挑战，就是企业文化认同和团队融入的问题。具体的方法，我们在下文都有较为详细的解决方案。

下面我将从新员工的试用期培养工作中，经理人需要重点做的工作给出一些建议。

入职培训

入职培训，是指新员工刚进企业就安排的短暂的培训，一般时长为 0.5～2 天，甚至更短，有时也称为"入职辅导"。一般来说企业越小，入职培训往往也越不规范。在很多小企业里，新员工入职以后，会得到一个 PPT 或者 Word 形式的企业材料，供他们自我学习。还有的企业干脆不给新员工什么资料，新员工对企业的了解往往是通过自己查阅企业官网或其他网站上的信息获得的。

有一定规模的企业的新员工入职培训，通常会做得更加系统规范一些。培训内容一般会包含：公司的概况，办公系统软件等工具的使用，衣、食、住、行、用等情况，如在哪吃饭，什么时候发工资，是否需要佩戴工作牌，是否需要打卡以及如何打卡，怎么办理停车证，着装要求和注意事项等。一般来说，这样的入职培训会在新员工入职一周之内由人力资源部门负责组织，业务部门的经理人不需要自己做这些事情。

作为经理人，在新员工入职报到的第一时间，就应该要安排一个欢迎仪式。这样的仪式不一定很隆重很刻意，但是一定要达到一个让新员工迅速被团队成员认识和了解的目的。仪式可以安排在晨会、部门例会里面，作为其中的一个环节。仪式尽量在新员工到部门以后的第一时间安排，时长控制在 15 分钟之内，团队成员尽可能全员出席。在欢迎仪式上，经理人首先要对新员工的加入表示欢迎，给新员工介绍部门情况及同事，也可以邀请新员工进行简要的自我介绍，给新员工分配带教人，明确带教人及新员工的任务和职责等。

另外，在工作场所、工作时间的欢迎显得特别拘束，经理人不妨组织一次团建活动或团队聚餐，在非正式场合的聚会更有利于新员工的融入。在聚会中，经理人可以组织大家进行详细的个人介绍，其中就可能包括每个人的家庭、家乡、毕业学校、爱好、职业经历等。在这种介绍中，新员工和老员工会找到相互之间的相同点，进而拉近彼此的距离。

企业文化强化集训

员工接受过入职培训之后，往往会直接到部门报到，正式进入工作团队，而对于公司比较重视的一些新入职员工，还需要接受更加深入的企业文化强化的培训。

有些大型企业会对新入职的大学毕业生和中高层管理人员这两类人群进行企业文化强化集训，因为企业希望这两类人员要更加坚定和企业长远共同发展的信心。这类的培训，一般采用集中、脱岗的形式进行，时长可达3~10天甚至半个月。

企业文化强化集训的课程形式有可能包含课堂面授、团队活动、参观体验、高管沟通、军事训练、拓展训练等。课程内容一般包含：企业概况、企业发展历程、企业发展战略、企业文化、企业制度等。

企业概况，主要是介绍企业名称、成立时间、主要业务、行业地位、资质和荣誉、组织架构、主要领导等。

企业发展历程，主要是讲述企业从创立至今的发展历程，多以故事作为课程内容，可以辅之以参观、观看影视资料、老员工现身说法、编排历史舞台剧等方式进行。

企业发展战略，主要是展望未来，对行业发展做预测分析，对企业自身的优势做说明，并且介绍在未来的 5～10 年，甚至更长远的时间，企业将达到怎样的远景和目标，比如：企业将会主要涉及哪些产业，企业会做到这个产业中的什么地位等。

企业文化，就是介绍企业倡导什么，反对什么。企业文化主要体现在企业的使命、愿景、价值观方面。有的企业文化，还会细化到企业的管理理念、经营理念、人才理念等。

企业制度，主要是指企业各个职能管理部门出台的规章制度，包括人、财、物、廉、法、安全等。人，就是指人力资源管理制度，包括：薪酬福利制度、考勤制度、绩效考核和晋升发展制度等。财，就是指财务制度，比如说报销的要求，预算和成本管控等。物，主要是指后勤方面的制度，包括：衣、食、住、行、用。廉，就是指廉洁自律。法，就是指法律制度、合同的规范文本要求等法律风险防范的内容。安全，就是指信息安全、生产安全制度。

有一次，我邀请阿里巴巴集团的一位老师合作领导力的主题沙龙活动，活动时间是一天下午。我邀请她和我们项目组一起吃午餐。她先是断然拒绝的，后来因为事前沟通时间太短，有些问题需要边吃边谈，所以她就答应了一起吃午餐，但是多次强调公司有规定，必须 AA 制。后来，她果然坚持支付她的那一份餐费。但其实人均餐费也就几十元。这件事情过了很多年，却依然让我记忆深刻。由此可见，阿里巴巴集团的廉洁教育和管理做得有多好。

经理人不一定要自己去设计或讲授以上的企业文化强化集训

的课程，但是经理人需要知道企业的人力资源部门应该去做这些。企业文化强化集训，将对新员工认同企业文化，并加速融入企业有重要的作用。

岗位业务技能培训

一般来说，岗位业务技能培训的主要责任部门就是企业各个业务部门。岗位业务技能培训的组织形式，以在岗带教为主，脱岗的集中课堂培训为辅。

如果有批量入职的新员工需要学习相同的基础知识，比如 IT 软件开发岗位的校招新员工普遍没有掌握 C++ 或者 JAVA 的编程技术，银行招聘的校招新员工需要掌握柜台人员必备的系统操作、点钞、小键盘等技能，那么就可以统一组织集中培训。但在更多情况下，业务技能培训采用在岗带教的形式。

此时，经理人要和人力资源部门紧密配合并制订新员工的学习成长计划，并完成计划的实施和效果考核评估。岗位业务技能培训的持续时间很长，往往从入职一直持续到转正考核通过，合计 2~3 个月的时间。而对于校招新员工而言，从一无所知到独立胜任岗位工作，这样的一个过程可能会持续更长时间，有的可能要花费几年的时间。也正因为这个原因，中小型企业通常无法负担这样的代价，它们更愿意招聘有一定工作经验的员工。

员工的学习成长计划，通常又被称为带教计划。带教计划突出的是带教人的责任，而学习成长计划明确的是新员工作为学习主体的责任。其他人都仅仅是资源，新员工才是自己学习成长的第一责任人。这个计划，让"教"和"学"变得更加有方向感、系统性和计划性，是新员工成长的一种保障。

学习成长计划的制订，需要首先明确学习目标。学习目标应该从岗位本身出发,围绕"岗位职责—工作流程—核心工作任务—能力要求—培训课程"的思路进行确定。这是一项十分专业的岗位分析工作,我们可以求助于人力资源管理部门的同事。

计划的内容,应该主要包括:科目、学习内容、学习目标、学习方式、学习时间、学习时长、带教老师、考核方式、考核时间等。示例见表 5-2。

表 5-2 学习成长计划示例

序号	科目	学习内容	学习目标	学习方式	学习时间	学习时长	带教老师	考核方式	考核时间
1	办公系统	个人考勤流程	独立操作"请假"和"加班"	模式演示	第1周	15分钟	张三	模拟实操	第1周周五下午
2	业务知识	公司X型号产品介绍	30秒内顺畅完成标准话术	自学	第2周	2天	张三	模拟实操	第2周周三下午
3	业务技能	客户异议处理	独立完成客户异议处理	模拟练习	第2周	2天	张三	模拟实操	第2周周五下午

委托培养

有些新兴的业务单元或者业务区域没有对新员工的带教能力,这时候就需要将新员工先安排到业务成熟、绩效优异、情况相近的业务单元去学习,等到学好了再调回上岗。

委托培养的方式,对于新员工熟悉岗位工作内容、工作步骤流程、工作系统工具等较为有效。但是一般耗时较多,由于不同的区域情况不同,所学不一定完全适用于新员工所属的区域实际;另外,因为不是自己的新员工,有时候也会出现负责带教的师傅不重视对新人培养。

试用期转正考核

一般来说,员工试用期转正考核的维度主要包含:**企业文化认同度、业务能力、工作综合表现**等方面。考核形式可以是笔试、观察、360 度调查、查看绩效数据、述职答辩等。

关于企业文化认同度的考核评估

在这些考核维度中,对企业文化认同度的考核是最难的,因为企业文化认同度是无法测量的,员工是否认同企业文化只能通过一些行为举止来体现,而这些行为的"蛛丝马迹"的研判就成为一个足以让经理人头疼的挑战了。但是,也并非没有办法。

有的企业会安排笔试考核,试题中就包含一些企业的基本信息,如果员工不能正确作答,则至少说明员工没有重视对企业的了解,不关心企业,那也就谈不上认同和爱护企业了。员工的一些行为表现也可以体现他对企业文化的认同度,例如,员工乐于在自己的朋友圈分享企业相关信息,则说明员工更加认同企业文化;又如,员工对网络或者外部人员抹黑企业的言论,不但不予制止和争辩,相反,他还感觉到羞耻和自卑,则说明这名员工对企业文化的认同度相对较低。

我们可以用一个示例来判断一个员工对所在企业的认同度的高低,具体如下。

① 别人问一个员工:"你是××单位的吗?"

该员工:"你才是呢!"(这表示该员工对企业极度不认同,甚至以此为耻。)

② 别人问一个员工:"你是××单位的吗?"

该员工说:"啊?你在跟我说话吗?今天天气真不错!"(不愿

承认，顾左右而言他，这表示该员工对企业不认同。）

③别人问一个员工："你是××单位的吗？"

该员工说："是的。"（这表示该员工对企业认同度一般。）

④别人问一个员工："你是××单位的吗？"

该员工说："是的。买×××找我们啊！包您满意！"（这表示该员工对企业很认同。）

⑤别人说："你好！"

该员工说："你好啊！你知道吗，我是××单位的，我们是做×××产品的，我们愿景就是……我们就是最好的！"（这表示该员工对企业极度认同，自觉充当了企业代言人。）

关于业务能力的考核评估

关于业务能力的考核评估，应该综合日常的工作绩效产出、工作效率来判断，也可以用模拟实操和笔试作为辅助评判标准。虽然模拟实操和笔试都只是辅助的方式，但是它们却被很多企业使用，原因是它们更加客观且有可量化的考试分数，这样的考试分数是容易使人感觉到公正的。

但是我建议经理人还是要根据日常工作中员工处理具体业务问题的能力来做出判断，这样的判断会更加准确。

例如，对于同一项任务，甲用1个小时就可以完成，而乙就要用1.5小时才能完成，我们就可以认为甲的业务能力更强。

又如，同一周内，甲完成了5项工作，而乙只完成了3项难度相当的工作，我们就可以认为甲的业务能力更强。

再如，甲能够完成比较难的任务，而乙只能完成比较容易的任务，那么我们同样也可以认为甲的业务能力更强。

这是基于工作效率、工作量和工作难度来判断的评判员工能力的方式。

另外，评判员工业务能力的高低，是一个相对的概念，需要一个参照标准。通常我们可以拿两个或者多个员工相互做对比，可以得出谁高谁低。对于转正考核阶段的业务能力评估的标准，则是岗位胜任力标准。对于社会招聘的新员工来说，转正合格的业务能力水平就应该是岗位胜任力标准；但是对于校招的新员工来说转正合格的业务能力水平，往往要低于岗位胜任力标准；正是因为这样，经理人在评判员工的业务能力时，不能仅仅局限于新员工当前的业务能力，也需要用发展的眼光看问题，还要兼顾新员工未来的发展潜力。

关于工作综合表现的考核评估

工作综合表现主要包括工作的积极性和主动性、工作量、工作绩效产出等，其中工作绩效产出是最为重要的考核评估维度。

对于销售类岗位来说，绩效往往是能力的直接体现。但同时也要注意，绩效的影响因素很多，绩效不达标不代表员工的能力就一定有问题。而对于很多职能类岗位来说，绩效和个人能力之间的关联往往不是很强。关键绩效指标（KPI）考核方式，更适合考核指标明确的业务团队；目标与关键成果（OKR）考核方式，要更适合考核指标不明确或短时间无法提取数值的职能类团队；工作综合表现评估则适合所有的团队。

有的企业会安排临近转正的新员工进行一次述职答辩，由新员工对自己的工作内容、工作表现和心理感受做一次综合的陈述。通过参与新员工的述职答辩，经理人可以更加系统全面地了解新员工的表现，进而给出更加客观公正的评估结果。述职答辩会也可以邀请人力资源管理部门的人参加。

如果一名新员工工作很主动积极，工作承担的数量很多，能力也很强，但就是工作绩效产出不理想，那么经理人应不应该因为绩效产出不好而否定他的综合表现呢？我想不一定。因为绩效是价值的一种体现，但是员工给团队创造的价值的表现形式不应该只是绩效。因此通常来说，使用综合表现要比纯粹的绩效表现作为转正评估的维度更具实际意义。工作综合表现的考核结果，在新员工转正考核成绩中的占比和地位，经理人应该根据业务岗位的实际情况来确定。

试用期结束的转正沟通

当新员工顺利通了试用期的转正考核评估，经理人应该和他进行一次正式的沟通。沟通的目的主要在于对新员工试用期阶段的综合表现进行点评和反馈，让其知道应该保持并发扬的优点是什么，需要改进的不足有哪些。全面的、准确的、真诚的反馈，对于新员工转正后的表现有重要影响作用。

经理人还应该利用例会等公开场合，当众宣布新员工转正的消息，带领团队成员表示祝贺，也可以对团队成员对新员工培养做出的贡献表达感谢，并勉励全体成员做出更加出色的工作表现。

▫ 专栏
对于社招新员工，还应该注意些什么

社招新员工，相对于校招新员工而言，往往会在行业知识和岗位知识方面比较丰富，社招新员工主要缺乏的是企业知识。因此对于社招新员工，经理人主要应该侧重于做好公司知识方面的分享与指导，尤其要做好企业文化方面的引导工作，经理人的主要任务在于促进社招新员工的顺利融入。

社招新员工在新企业里面的"存活率"可能并不高。一般来说，企业文化对其"存活率"的影响比较小，而专业能力创造的绩效表现是否理想是关键。如果社招新员工不能在短时间内创造高绩效来体现自身的专业能力，那么他在新企业里面将会很难"生存"。这是因为，一方面企业会重新评估招聘该员工的"性价比"，对其产生能力怀疑甚至降薪的考虑；另一方面，该员工也会面临其他团队成员的不信任和冷眼，他在人际关系方面会面临直接的挑战。

因此，解决社招新员工的"存活率"的问题，关键在于**经理人要帮助新员工获得成功**。这里主要是指帮助新员工获得试用期内第一项工作任务的成功。

当然，有的时候新员工很难仅仅通过自身努力来获得成功。这时候，经理人要能发现不足，及时给予指导和支持。当新员工在我们的帮助之下获得成功之后，他们常常有一种错觉，往往会感到他们好像是凭着自己的努力获得成功的一样。他们的自信心会因此增强，人际关系也会得到改善。有些情商高一点新员工会懂得感恩，会向经理人表达"军功章也有你的一半"。但是，并非所有的新员工都懂得感恩，他们甚至不认为经理人给了他足够的时间，给了他足够的资源支持，给了他工作的思路方向和方法等都是对他的支持。虽然他不一定感激我们，但是我们仍然要从员工培养的角度出发，继续帮助他获得成功和成长。可以通过以下两种方式对社招新员工进行培养。

金讲堂

有的企业在社招中高层新员工入职之初就邀请他们走上讲

台，分享他们过往的成功经验和做法，以帮助老员工开阔视野，增长见识；同时，通过这样的分享也可以实现对新员工能力的再考察，等于是"二次面试"——判断他到底有没有能力，听听
他的分享就可以见得。这样的**新晋中高管的分享课堂**，就叫作**"金讲堂"**。"金讲堂"，就是要把分享作为一块"试金石"，看看站在上面的分享人是否"会发光"，是不是"真金"。

新人带老人

还有的时候，企业会安排年轻人作为社招新员工的"小师傅"，来帮社招新员工尽快熟悉环境，帮助社招新员工解决在新环境生活和工作遇到的难题。同时，新员工也可以把自己掌握的一些专业知识和经验传授给这些年轻人，帮助年轻人提升能力。这是一举多得的方式。如果因为其他各种原因导致社招新员工出现离职，那么这些曾经受教于他们的年轻人就可以作为后备梯队顶上去，把这一块工作承担起来。

老员工如何培养

对于团队的老员工，经理人也需要帮助他们持续提升综合能力素质，尤其是提升专业能力。具体的学习方式有很多种，每种学习方式都有各自的优缺点。

专题授课

专题授课是指,安排专人针对某一业务或某一专业主题进行系统的培训讲解。尤其是对于新团队,需要多组织业务的培训专题授课不一定邀请经理人进行培训,可以邀请资深员工,甚至一些普通员工担当讲师,采用经验分享的方式,也可以组织各个协同部门之间的"交叉扫盲"培训,我给你讲课,你也给我讲课,主要目的在于增加部门之间的相互了解。

专题授课的优点是,内容经过系统的整合,有利于员工理解并掌握,知识经验能够有效沉淀。它的缺点就是占用的时间比较多,培训的形式相对单一,不够生动直观。

以会代培

以会代培是指以会议的形式,结合工作开展的问题进行探讨分析,部署下一步工作。定期开展晨会、周会、专题分析会、总结复盘会等。也可召开业务专题研讨会,针对某一业务或专业主题,让全员进行讨论交流,得出结论。

以会代培的优点是,可以"短、频、快"解决业务的实际问题,内容大多和业务工作本身息息相关。它的缺点就是经验无法有效沉淀,不利于没有参会的其他人员的能力优化和提升。

技能比赛

技能比赛是指,员工之间针对专业能力开展竞赛比拼,尤其适合基层作业类的岗位。有些老员工干了很多年了,一身的本领没有机会展示出来,而年轻人也无法向他学习。怎么办?办个技能比赛,在比赛结束后给获胜的员工颁发荣誉证书和奖金。注意奖励不能光是证书的荣誉,还需要实际的物质利益。越是基层的员工，物质的激励越不能少。

通过技能比赛的方式，员工之间可以以赛代练，相互切磋交流，共同提升。同时，因为有些技能无法现场展示，导致比赛只能比拼众多工作技能中的一个小点。因此，技能比赛的象征意义要大于实在的演练意义。

外出考察

外出考察指的是，员工到企业外部、行业内外的标杆项目考察学习，听公开课、论坛、峰会等。通过这些活动，员工可以拓展人脉，掌握更多的行业动态和发展趋势。外出考察一般适用于经验丰富的老员工，因为他们已经是企业里的骨干或顶尖专家，在企业内部的学习已经无法满足他们的学习需求了。因此，新员工应该以内部培训学习为主，老员工要适度进行外出考察。在外出考察回来之后，老员工要进行内部分享，有的企业把这种分享叫作"转训"。

咨询专家

为增强团队能力，经理人还可以寻找外部专家来咨询，请求对方提供专业的解决方案，并通过很多成熟的最佳实践来指导当下的团队工作，提升团队能力。这样的学习方式，往往需要花费较多的经费和时间精力。在寻找外部专业机构的时候，要选择有实力且有实际项目操作经验的合作伙伴。

成立联合项目部

这种学习方式指的是，邀请外部的专业团队和企业员工组成联合工作团队，通过合作交流来实现企业员工的能力提升。例如，一家电子商务公司自身的 IT 团队无法独立完成新系统的开发，他们邀请一家 IT 服务公司合作成立联合开发项目组，一起开发新系统，最终一方面完成了新系统开发的任务，另一方面，企业自身的 IT 团队的开发能力也得到了提升。

面试学习法

面试学习法是指通过招聘面试的方式来学习。很多中高层经理人，往往是通过面试别人的过程来学习的。例如，他们可以在面试时询问候选人所在单位的较为先进的做法，了解行业的标准等。因为很多候选人来分享了自己的上家单位的做法和项目经验之后，由于各种原因不一定会最终入职，所以这样的面试学习方法，有时候又被称为"假面试"。

其他学习法

还有些企业通过并购项目、猎头专业人才或者挖掘整个团队的方式来提升自己团队的能力。

> ▣ 专栏
>
> ### 从"要我学"到"我要学"的转变
>
> 彼得·圣吉于 1990 年提出了学习型组织的概念。学习型组织是指通过培养弥漫于整个组织的学习气氛，充分发挥员工的创造性思维能力而建立起来的，一种有机的、高度柔性的、扁平的、符合人性的、能持续发展的组织。作为经理人，我们也应该让团队成为一个可以自我成长和持续创新的学习型组织。
>
> 经理人可以通过给员工安排挑战性任务，让他们做老师带新人和充分授权的方式来提升团队成员的能力。

另外，打造学习型组织也要求经理人必须带头学习，言传身教地为团队其他成员树立榜样。

挑战性任务

给员工挑战性任务或者提高对工作的要求标准，让员工在能力不济又面临着考核压力的情况下进行主动的学习，实现从"要我学"到"我要学"的变化。你需要告诉员工，学习成长本来就是他们自己的责任，经理人或者企业只是给他们提供一个资源和平台而已。

做老师带新人

用所以学，学以致用。这是成年人学习的主要动力。"输出训练"是最重要的。所谓的输出训练，就是指让学习者去分享、去应用、去参加考试等。如果人们只是一味地把知识输入自己的大脑，但是却不使用，也就是没有输出，那么往往不能代表这个人已经很好地掌握了所学。如果一个人不但自己学会了，还能够教会别人，那就说明这个人是真正地掌握了。因此，让老员工带教新员工，对于老员工来说也是一种自我学习提升的过程。

充分授权

最好的培训就是授权，放手让员工去干，干中学。经理人需要鼓励不同的声音，鼓励尝试和创新，具有容错的胸怀。同时，也要给员工一些学习的时间、资金、机会、具体的指导和帮助等。这些都属于支持行为，但是最大的支持，就是经理人在精神上的支持。

如何针对工作不足进行沟通反馈

当一项工作结束时,如果结果不是尽如人意的,下属有些做得不到位的地方,甚至犯了一些严重的错误,作为经理人,我们应该如何和员工沟通反馈,来帮助员工改进提升呢?

我们看一个案例,具体如下。

小王应经理要求,在公司的办公楼预定一间适合和客户签约的大会议室,但是得知客户来访的时间改变,时间仓促,小王虽然千方百计和各个部门协调,但是仍然未能协调到大会议室,最后只协调到一个小的洽谈室。

她把新协调好的会议室房间号,用手机信息发给了经理,但是经理并没有回复。

第二天,客户来访洽谈的结果还可以,但是原定现场签约的议程被取消了。会议结束送走客户后,经理内心不满于因为会场原因导致签约泡汤的结果。

李经理走到小王的办公位,小王本能地从位置上站了起来。

李经理把手上的文件重重地摔在桌子上,众人为之一惊。

李经理说道:你不知道今天早上会议有多重要吗?你到底是怎么回事!就安排巴掌大的洽谈室,你觉得人家一个总经理会怎么想!本来今天人家来是要签约的,就因为你安排这么小的洽谈室,最后说要回去考虑!

小王很委屈地说:我之前确实安排的是大会议室,可是会议时间临时调整,时间紧急,我只协调到了这个小洽谈室。

李经理:你倒很会找借口嘛,但是怎么一点随机应变的能力都没有呢?要是这个客户的合作丢了,都是你的责任!

小王:可是,对方也没有明确说不合作啊。

李经理：你听不懂人话吗？人家本来说的是来签约的，现在说要回去再考虑，你不懂什么意思吗？

小王：可是……

李经理：可是什么啊！你还要找什么借口！你做事不能灵活一点吗？你不会提前做好准备啊？上个月，你就是因为忘记提访客流程，导致人家客户在门口等了半个小时。这次又出了这样的问题。我看啊，这根本就是你的能力有问题！要么就是态度有问题，要是态度的问题，那就更严重了！

小王：那次是因为流程出现问题……

李经理：我不管你什么理由，我只要结果！我本来还想重点培养你，没想到这点小事都办不好，你太让我失望了！你要是不能干就别干了，尽早走人！哼！

李经理转身，气愤地走了。小王一下子瘫坐在椅子上，越想越委屈，眼泪夺眶而出。旁边座位的小赵递过餐巾纸，安慰小王道：别跟他一般见识，他这人就这样。我上周也是莫名其妙地被他骂了一顿。

小王点了点头，长出了一口气。

在以上的案例中，经理人和员工沟通的效果怎么样？有哪些不妥呢？

很显然，沟通的效果是不好的，主要体现在以下几个方面。

第一，这样的沟通使员工内心充满了委屈，且员工并没有意识到自己的错误，也就无法及时悔改；第二，经理人情绪的失控让小王得到了其他同事的同情，而经理人自己却被推到了大家的对立面上；第三，这样的沟通对于挽回和弥补因客户未签约而导致的损失并没有建设性意义。

在这次沟通中，经理人犯了很多错误，应该在后续沟通中注意改进。错误具体有以下几点。

（1）**当众批评，场合不对，不留情面。**

（2）**没有说明后果**，员工并未认识到自己工作失误造成的损失风险。

（3）**不给员工解释的机会**，经理人也无从知晓问题背后的原因，不利于员工改正。

（4）**对人不对事**，对下属进行人身攻击，扣帽子。

（5）**翻旧账**，可见以往工作反馈并不及时。

（6）**没有针对问题的解决形成实质性的指导。**

（7）**情绪没有控制好**，体现了自身情绪控制能力弱，也影响整个团队氛围。

如果经理人能够控制好情绪，和员工更加有建设性地沟通，那么会出现怎样的效果呢？我们不妨来看看下面的案例。

经理走到小王办公桌前，对小王说：你到我办公室来一下。

小王：好的。

小王敲门进入办公室，经理招呼小王坐下。

经理：我找你来是想和你谈谈刚才的会议的事情的。你觉得这次会谈成功吗？

小王：还行吧。不过因为他们赶时间，所以没有能够签约成功。有点遗憾！

经理：你觉得今天除了因为他们赶时间之外，没有签约的原因可能还有什么呢？

小王：可能这次会议室场地的安排也有一点欠缺吧？

经理：你能意识到这一点很好啊。这个客户很重要，而且是第一次来咱们公司，本来是想看看我们的实力和诚意。看到我们安排在这么一个小会议室，你觉得对方会怎么想呢？

小王：可能会觉得我们不是很重视，或者觉得我们的公司实力一般吧。

经理：你讲的很对。人家就是通过这些细节来评判合作伙伴的。我们这次确实失礼了。我想知道是什么原因导致我们只协调到这个小会议室的？

小王：经理，这是我的错。我原来只预定了大会议室今天下午的时间。昨天上午得知时间变动的时候，有点手忙脚乱，急急忙忙就协调到这个会议室了。

经理：那你有没有在昨天下班之前再协调一遍会议室呢？据我刚才了解，今天上午304大会议室是一直空着的，因为原定的会议改期了。

小王：噢。

经理：还有一个，你应该是提前过来看过场地的，你自己觉得这个地方适合签约吗？如果你都觉得不合适，那你又协调不好，你就应该跟我说，请我来帮你协调。这次会议接待安排不足，表面是你不够灵活，实质上也说明你思想上不够重视，没有太用心啊。

小王：嗯。我以后会注意的。不过这次我安排了专车送客户去机场，他们还是表示很感激的。刚才发来致谢短信了。

经理：我也收到他们的短信了。他们虽然没有现场签约，不过也没有说不跟我们合作。所以啊，我们还是要想想下一步怎么做，才能最终争取到这个客户。你有什么好的想法吗？

小王：经理，您看为了表示我们的诚意，我们是不是可以前往拜访一下？

经理：你这个建议很好。尽快和对方沟通一下，草拟一个出差安排方案。在细节方面要考虑仔细。你看什么时候可以拿出来讨论一下？

小王：尽快吧。

经理：尽快是什么时候？

小王：我先和对方约一下具体的时间吧，初步方案下周一拿出来。

经理：这个事情很重要，下周一是不是有点太晚？

小王：那就周五上午给到您吧，这样您给完意见，周末我还可以再思考思考，完善一下。

经理：好吧。这次的接待安排确实有一些不足之处，你也认识到了自己的工作灵活性和细致度的问题。我们后边引以为戒吧。你专业能力比较好，工作表现也很积极，我希望你能够继续保持。这次这个客户能不能顺利争取回来，就看你的。

小王：谢谢经理，我会努力的！

经理：那你去忙吧！

小王转身离开办公室。

从以上案例中，我们不难看出这样沟通的效果很好，主要体现在小王的面子得到了保全，小王也认识到了错误和不足，形成了问题的改进措施和具体计划等方面。

同时，这次沟通也体现出经理人沟通方法的一些优点，具体有以下几点。

（1）注意了沟通的场合，选择在私下一对一进行。

（2）沟通反馈很及时，在事情发生后第一时间进行沟通，可以避免以后发生类似的错误。

（3）经理人说明了后果的严重性，使员工感受到了责任的压力，进而可以使员工主动反思自身的不足。

（4）经理人注意了询问其中的原因，耐心倾听下属的解释和说明，以便于问题的解决。

（5）经理人就事论事，没有翻旧账，使员工更愿意接受批评以图改正。

（6）经理人对事不对人，没有给人扣帽子，使员工感受到了尊重。

（7）经理人用积极的言辞进行沟通，在沟通结束前表达了对员工的信任和鼓励。

综合上述的正面案例，我们可以将经理人的沟通反馈归纳为5个主要步骤，即事实—影响—原因—方案—信任。

第一步，陈述事件的真实情况。

经理人要针对员工某些不良的行为表现开启谈话，要告诉员工事实是什么，我们看到了什么，听到了什么，拿到了什么数据，得到了什么反馈。这些都是不可争辩和质疑的事实，不是主观猜想的或者道听途说未经证实的情况。这一步主要是经理人直入主题的告知，基本上不需要员工的反馈和确认，但前提是经理人需要事前要做好充分的情况核实工作。事实，英文为 fact。

第二步，说明事件造成的不良影响。

经理人继续说明这些行为表现所带来的不利的影响，即这件事导致了哪些具体的损失，相关人员有哪些看法和感受。很多时候，这种不良影响员工是意识不到的，因此需要经理人告诉员工。当员工意识到"自己闯了大祸"的时候，也就会促进其反思过错的。因此，事实和事实带来的不良后果，是整个沟通是否成功的关键前提。影响，英文为 influence。

第三步，探寻事件发生的主要原因。

经理人询问员工导致这一事件产生的原因，并倾听员工的解释说明。有时候员工迫于压力，会避重就轻和推卸责任，因此经理人需要告知其不用担心，并说明探寻原因不是为了追究责任，而是为了解决问题。经理人要让员工放下包袱，也要让员工勇于面对不足，主动承担责任。原因，英文为 reason。

第四步，找到解决问题的行动方案。

当问题的根源已经找到，经理人就可以引导员工提出解决方案和行动计划了。经理人找到解决方案的速度往往会比下属更快，但是我仍然建议经理人可以先让员工思考并提出他们的方案。此环节的经理人更像一个教练，主要是提出问题，分享自己的经验，以帮助员工补充完成方案。最终，通过讨论达成一致的行动方案，并明确下一步的行动计划。方案，英文为 solution。

第五步，表达信任和支持。

在结束谈话前，经理人应该要记得表达信任和支持。首先要明确员工是解决这个问题的关键人物，我们信任他。其次，经理人不能只给予精神上的支持，而没有任何实质性的支持。这样可能会导致员工感觉到自己承担了全部的责任，而经理人在逃避责任。经理人的支持行为可以有很多种表现形式，例如沟通谈话、出席现场、加派人手、调整工作计划、增加资金投入、给予特许权、提供信息等。最重要的是让下属感受到我们和他在一起,他并不孤单。信任,英文为 trust。

综合以上 5 个步骤,"fact-influence-reason-solution-trust"的首字母组成了"FIRST"。这个沟通模型,我们也可以称之为"FIRST 模型"(见图 5-4)。

FIRST,是"第一"和"首先"的意思。针对下属员工表现出的问题行为,经理人应该在第一时间及时发现、反馈,并帮助其改正,防微杜渐,以避免任其发展带来的更严重的后果和损失。

图 5-4 FIRST 模型

如何来做员工的思想教育工作

什么是做思想教育工作?做思想教育工作,来源于革命的传统,其实就是要改变一个人的态度,改变一个人的价值观的问题。就是原来你不认同,现在要让你认同;原来你认同,我现在让你不要认同的意思。革命军队里的政治委员、指导员等都是负责人员的思想政治教育工作的,这种思想教育工作主要解决的是军队人员的思想态度问题。

在企业中,经理人如何做员工的思想教育工作呢?

从新冰山模型可见,知识决定态度。因此,给下属员工传输什么知识,他们就会产生什么态度。教育可以改变人的思想,沟通可以改变人的态度,宣传可以改变人的意识。新知识取代旧知识的过程,是解放思想的过程。企业文化培训、产品推销等过程,都伴随着知识改变态度的过程。

一台天平,只要两边的物体重量相等就会保持平衡,如果一边更重则会偏向这边。做思想工作,就是往人思想的天平上增加重量,如果我们添加的重量更多,天平就会偏向我们,也就是说员工会更加认同我们。给思想的天平添加的重物,就是信息的集合体——知识。

在实际的团队管理中,经理人都会遇到各种关于员工思想的问题,比如员工对工作的意义价值、个人职业发展、薪资福利、公司的管理制度、上级的某些管理行为等方面的不理解。如果经理人对这些疑惑或者错误认识,不予以及时的引导和纠正,就会导致员工出现消极和不满的负面情绪;如果通过经理人的沟通,这些问题能够及时得到疏解,那么就可以达到防微杜渐、治病救人的效果了。

我们先来看以下几个例子。

新员工小王打听到，自己现在这家公司的工资待遇没有到其他单位的同学的高。他对自己的选择感觉有点后悔了。

让呼叫中心的小李十分不解的问题是：我们只是接、打电话的人员，可是为什么每天上班都要穿着正式的工作装呢？

员工老张抱怨道：凭什么那些新来的员工能力一般，工资却比我们老员工高啊！

员工小陈：我感觉自己像个小陀螺，不停地在原地打转，每天都做着重复无聊的工作。

另外一家公司许诺给老陈的工资要高过现在的公司水平，老陈有点动心了。

……

这些现象在日常工作中是不是十分常见呢？员工面对工作中遇到的各种各样的现象，不一定都能有十分正确的全面的认识，他们经常需要他人的引导和帮助。因此，经理人和员工之间的及时、有效的日常沟通就显得十分重要了。这种沟通的过程，就是做思想教育工作。

那么就究竟怎么来沟通，沟通的方式方法、步骤和注意事项有哪些呢？

总结来看，经理人做员工思想教育工作的步骤主要有三步，分别是：**动之以情，晓之以理，辅之以行。**

第一步，动之以情——体察到对方的感受，并且表达出自己的感受。

经理人要能够体察到员工的情绪状态，先不要急于告诫和说服，而是应该先进行"共情"。只有做到了情绪感受的共鸣，才能为后面的沟通打开大门、铺平道路。

具体动之以情的话术可以如下。

"其实你有这样的想法是正常的。我和其他人曾经也有过类似的想法。"

"你愿意跟我谈这个事情,我还是挺高兴的。"

"那你现在究竟是怎么想的呢?"

"如果真的因为这个想法导致不好的结果,那是很可惜的。"

第二步,晓之以理——了解员工的深层次想法,帮其分析利害关系。

经理人在了解到员工的真实想法后,会发现他们的想法往往比较浅薄、片面和短视。这时我们应该要告诉员工他考虑不深入、不全面和不够长远的地方,再让其自己进行权衡和考量。

具体晓之以理的话术可以如下。

"你的考虑是有一定道理的。你有没有想过这些问题呢?"

"其实,据我了解,真实的情况是这样的……"

"我(或者双方熟知的人)以前也和你一样面临这个问题,后来我做出这样的选择,现在的结果是这样的;同时,某人在当时跟我情况差不多,他做出了另外一种选择,现在的结果是那样的。我相信通过对比,你也能感受到这种由于选择带来的结果的差异。"

"我站在你的角度考虑来看,你现在的情况是这样的……如果能够……当然会更好。同时,是不是也会面临……的风险呢?这种风险你能够承受吗?"

"你还可以自己再考虑考虑,不要着急下结论。"

第三步,辅之以行——提出方案建议,并给予实际的行动

支持。

要告诉员工他不孤单也不无助,后续我们也会给他一些具体的实质性的关注和支持。

具体"辅之以行"的话术可以如下。

"确实,我平时和你的沟通不多,对你的关心不够。"

"我给你的建议呢,是这样……因为这样对你来说是比较好的,也不需要你冒风险。"

"接下来,我会给你一些力所能及的支持。比如说,……"

"你在团队中发挥的作用还是蛮大的,我希望你继续努力……"

"你看呢?还有什么问题吗?"

思想教育工作说起来容易,但是做起来很难,这需要经理人长年累月的付出和坚持。这种沟通也不限于专门的时间、专门的场合、一对一的沟通,可能只是一起吃饭聊天时沟通的,也可能是谈完工作后的间隙沟通的,还可能通过专门的一对多的沟通会进行的。

这种沟通还应该注意很多的事项,具体如下。

(1) 沟通前经理人要提前做功课。经理人掌握的信息要更丰富,提供的解决方案要更高明。只有这样员工才会心悦诚服。

(2) 有实际的行动支持。不要沟通完了,员工发现都是自己的问题,都是自己的错,都是自己需要改变,跟经理人和这个团队没有任何关系,经理人不给任何支持和帮助。

(3) 万般套路,不如真诚。不要为了沟通而沟通,不要为了表示关心而刻意为之,更不能给员工开空头支票,不能忽悠员工。这种沟通方法可以帮经理人变得更加专业,但是沟通的效果最终还是依靠经理人对员工的真心的关注和爱护。经理人是否真诚,员工是能够感受到的。

（4）**功在平时**。经理人要检查平时对员工工作和生活情况的关心到底够不够。员工思想的问题，越早发现，越早沟通，就越好解决，尽量避免出现积重难返的情况。

（5）**故事案例更有效**。经理人个人的工作经历和人生阅历也是确保沟通成功与否的关键，只有感同身受才能引起员工的共鸣；只有经验之谈才更有说服力。这也就是为什么过于年轻的员工管理年长的员工会遇到更大的挑战。经历的案例更多，理解的事情更多，明白懂得的道理也更多。经理人在做员工思想教育工作的时候，如果能够"现身说法"是最有效的，或者列举身边的员工熟识的事例也很有说服力。相反，讲大道理，空洞的说教往往会使得员工迷惑甚至反感。当员工不知道经理人所云，也不喜欢听经理人唠叨的时候，很显然，就更谈不上认同了。"兴趣—了解—理解—认同—行动—好结果—再行动"，这是人们改变行为的基本逻辑。

（6）**信任是前提**。如果没有信任，员工就会敷衍我们，我们将无法获得真实的信息。如何针对员工关心和介意的问题对症下药，更无从谈起。那么如何获得员工的信任，这就涉及经理人自身的言行举止了，例如，经理人和员工日常的交流沟通多不多，经理人是否说到做到，是否正直和公平。

· 本章小结 ·

员工不够"完美",因此需要经理人的培养。

课堂培训不是唯一和最有效的方法,在岗带教才是更丰富和最有效的培养。

我说你听,我做你看,你做我看,你做我查,是新技能教学的秘诀。

新员工培养最全面,包含:职业素养、企业文化、岗位技能等。

校招和社招新员工的培训重点有所差异。

老员工培养方式很多,其中,给他们挑战性任务、带教新人和充分授权等方式更有效。

学习型组织的构建,需要经理人带头学习为团队其他成员树立榜样。

针对员工的问题行为,经理人应该"第一时间"及时发现、反馈,并帮助其改正。

做员工思想教育工作的主要方法和步骤是:动之以情,晓之以理,辅之以行。

第六项修炼

员工激励

士为知己者死,女为悦己者容。

- 什么是激励
- 为什么人可以被激励
- 激励的重点应该在哪里
- 如何用工作本身来激励员工
- 如何用团队氛围来激励员工
- 如何用成长发展来激励员工
- 如何用薪酬福利来激励员工

什么是激励

激励等同于奖励吗？通常经理人一听说要给员工激励，往往首先就会紧张地摸一摸自己的钱袋子。有一次，我和一位经理人交流时指出他们团队现有的问题主要是由于激励不足造成的。这位经理人立马反驳："我给他们的工资不低的！"

可见，有些人会认为只有正向的物质奖励才是激励，把"激励"误等同于"奖励"。其实，这种说法是不准确的。激励是一系列激励行为的统称，不但包括正向的物质奖励，还包括负向的处罚，也包括非物质的奖励。

提升员工工作积极性的一系列管理行为都可以称为激励行为。激励员工的过程，也是激发和满足员工需求的过程。根据不同的分类标准，激励又可以分为**正向激励和负向激励、物质激励与精神激励、个人激励和组织激励、内在激励和外在激励**等。

正向激励和负向激励

经理人希望下属好的行为可以继续发扬而给予下属的各种奖励，可以称为正向激励；经理人希望下属不好的行为不要再出现，而对下属实施的惩罚，可以称为负向激励。比如，表扬就是正向激励，批评就是负向激励。因此，批评也是一种激励，只不过是负向激励而已。

如果奖励太多，员工容易骄傲自满；如果处罚太多，员工容易颓废压抑。"赏罚分明""恩威并重"和"胡萝卜加大棒"，都是说明正向激励和负向激励常常是相伴相生、相辅相成的关系。

物质激励和精神激励

如果经理人给予下属的激励形式是物质方面的，则可以称之为物质激励，如奖金和罚款；如果经理人给予下属的激励形式是非物质方面的，则可以称之为非物质激励或者精神激励，比如口头的表扬或批评。

如果单从员工所得到的激励是否具有物质属性，来判断它是物质激励还是精神激励的话，我们可能会出错。因为，通常物质激励都兼有精神激励的属性。比如，奖金被不声不响地打到员工的工资卡里，这就是物质激励；但奖金如果是当众发放的，则具有精神激励的属性了，因为此时员工获得了荣誉和尊重，而荣誉和尊重则属于精神激励。

个人激励和组织激励

被激励人获得的激励来源一般分为上级管理者和公司层面。如果激励来自上级管理者，则属于个人激励，如果激励来自公司层面，则属于组织激励。比如，经理人因为员工的出色表现，给他一个口头的表扬，这就属于个人激励；到了年底，员工获得了一个公司颁发的"年度优秀员工奖"，这个则属于组织激励。

个人激励和组织激励不能偏废，因为这两种激励各有优缺点。个人激励可以频繁使用，不受到时间地点场合的限制，大部分员工都可以享受到，也可能没有荣誉和物质相伴随，是一种非正式的激励方式；而组织激励却不能频繁使用，一般是特定的时间节点才会授予少部分的员工。组织激励总是荣誉和物质相伴左右的，是比较正式的激励方式。

内在激励和外在激励

来自下属员工自己的自我激励，叫作内在激励，比如工作兴趣带来的工作积极性；来自经理人或者其他方面的外部因素的激励，叫作外在激励。即使是外在激励，也需要通过内在激励来起作用。

只有内在激励才能持久，而一旦失去外部因素的刺激，外在激励效果就会立刻丧失。例如，员工因为体会到工作的意义和价值，进而产生了工作的使命感，这样的使命感就是内在激励，它可以长时间地持续对员工产生激励作用。

有一个有趣的问题，"你每天早晨是被什么叫醒的呢？一部分人是被闹钟叫醒的，也有一部分人是被梦想叫醒的。"在这里，我们可以说"被梦想叫醒"就是内在激励，而"被闹钟叫醒"就是外在激励。

正确理解激励的概念并了解激励的分类，将有利于经理人运用好激励的管理方法。

为什么人可以被激励

会不会存在不可以被激励的人呢？我们认为所有人都可以被激励，无一例外。为什么？

因为人有需求。需求是激励的前提。企业里的员工也都存在各自不同的需求，不同的员工在不同的发展阶段，不同的情境下的需求是不一样的。

因此,经理人要想有效地激励员工,就必须要先了解清楚员工的需求是什么,才能"对症下药"。

小兔子用胡萝卜钓鱼,不但没有钓到鱼,还被鱼说成是"白痴"。经理人如果不能准确判别员工需求,那也无异于小兔子用胡萝卜钓鱼了。

那么,经理人应该如何判别员工的不同需求呢?我们不妨先来了解一下马斯洛需求层次理论。

在1943年,美国著名社会心理学家亚伯拉罕·H.马斯洛(Abraham H. Maslow)首次于《人类激励理论》中提出需求层次理论(见图6-1)。

图6-1 马斯洛需求层次理论

他的主要观点是:人都潜藏着五种层次的需求,但在不同的时期表现出来的对各种需求的迫切程度是不同的。人最迫切的需求才是激励人行动的主要原因和动力。低层次的需求基本得到满足以后，高层次的需求才会成为推动行为的主要原因。

这五个层次的需求从下往上具体如下。

第一层次：生理需求

如果生理需求中的任何一项得不到满足，人类个人的生理机能就无法正常运转。吃饱，穿暖，睡安稳，都属于生理的基本需求。

第二层次：安全需求

通俗来讲，安全需求指的就是我们所拥有的一切，包括身心的健康、财富，不要轻易被灾难或者社会的动荡等因素所毁掉。一个人担心自己失业，这就是安全需求。人们都希望安稳，不要出现地震、海啸、战争、疾病等。

第三层次：社交需求

人人都希望得到相互的关心和照顾。"我是谁？我是谁的谁？"这是每个人都在潜意识里提出的问题。我们只有明确了自己的身份定位，才会名正言顺，才会气定神闲。只有爱别人和被人爱的人才会有一种幸福感。而且这种角色是相对的关系，比如，学员和老师，儿子和母亲，客户和供应商，客人和主人，上级和下属，作者和读者等。相对关系的人们之间都有一种相互的责任。

每个人都需要一个社会角色，都要有一个身份，否则就会觉得很尴尬。比如，你来到一个高星级酒店大堂的咖啡厅，但你不点咖啡，也不住店。你的感受会怎样？你会不会觉得尴尬？你会不会感觉边上服务员和其他客人的目光让你不舒服？那是因为什么？因为你没有一个合适的身份。如果你点了一杯咖啡，那么情况就完全不同了，因为你是客人，你有一个合适的身份。

第四层次：尊重需求

人人都希望自己有稳定的社会地位，要求个人的能力和成就得到社会的承认。尊重的需求又可分为内部尊重（自尊）和外部尊重。尊重需求的满足，能使人对自己充满信心。

如果一个人在与别人交往的过程中，总是处处碰壁，得不到认可和肯定，那么他将会郁郁寡欢，就很难抬起"高傲的头颅"了。美国作家马克·吐温曾说过："只凭一句赞美的话，我就可以充实地活上两个月。"想要获得赞赏，就是尊重需求之一。

第五层次：自我实现需求

这是最高层次的需求，它是指实现个人理想、抱负，发挥个人的能力到最大程度，达到自我实现的境界。自我实现，就是"世界因我而不同"。因为我在这，所以这个地方不一样了；因为我的行为，结果不一样了。自我实现很重要的特点是对别人做出了贡献。

自我实现，不一定就是干了了不起的壮举，也可能是做了一些小事。有的人做公益帮助别人，有的人写书教导别人，有的人捡了路上的石头方便车辆通行，有的人做了一个精美的 PPT 使得他人的演讲很成功等，都属于自我实现需求得到了满足。

需求层次理论和梅奥、麦格雷戈、赫兹伯格等激励大师的理论观点，被奉为员工激励的经典理论。这些理论之所以是经典，就是因为历经半个世纪的各类非议，仍然掩盖不了它们的光芒，对现今的经理人仍然有巨大的启发和指导作用。就像陈年的老酒，带给人们恒久的回味。

在如今的组织管理中，每天仍然上演着员工需求判断和满足的过程，同样误判和粗暴管理的现象还屡见不鲜。例如以下几个情形：

情形一：连续几个周末加班的员工想要休两天假，这是一个生理需求吗？

不一定。认为是生理需求的人可能会认为在休假的那两天，员工在家睡大觉，其实在假期里，他可能比工作日起得更早，因为他要陪老人去医院，陪小孩去游乐场，陪爱人去旅行，要去会见一个老朋友等。员工在休息日需要去履行其他社会角色的义务，因此休假很可能满足的是员工的一个社交需求。

情形二：新员工入职后第一个月很郁闷，这是一个社交需求吗？

如果是经验老到的管理者就会知道，新员工郁闷可能是因为工作成果未达成，绩效不佳导致个人的尊重需求和自我实现需求没有得到满足。因为新员工到了新环境和新团队，他需要用最快的时间来证明自己的能力和价值，但是如果不能得偿所愿，他就会十分郁闷，甚至出现颓废、怀疑和离职的想法。当经理人或HR找他谈话寻找离职的原因时，他可能会顾左右而言他，找一些莫名其妙的理由来掩盖其真实的想法。

情形三：涨工资后的员工仍然不满意，原因一定是生理需求吗？

也不尽然。如果他发现自己的薪资涨得不少，但是那些表现平庸的人也和自己涨得一样多；或者如果他发现自己很努力，绩效很突出，但薪资上涨数额还没有其他人多等，这些就不是生理需求的问题了，那可能是尊重需求的问题了。

情形四：40多岁的高管离职，原因跟钱有关吗？他究竟是为了什么？

例如，毛大庆离开万科自主创业，他是为了钱吗？还是为了名誉、地位？是不是"事业合伙人"就可以留住他？我想也不尽然。因为自己做老板，本身就是一件很"爽"的事情，这主要解决了一个人对自由和权力的需求。就像马克思所言的让每个人可以自由全面地发展。中年创业者大多是对自身人生"价值实现"有更高追求，想用自己的方式，去做自己想去做的事情而已。

以上例子俯拾皆是，不胜枚举。很多经理人对马斯洛需求层次理论的理解只是停留在一知半解甚至一窍不通的层面，就更谈不上精准地应用了。

其实团队管理的核心就是要搞清楚员工到底需要什么，他们现阶段需要什么，下一阶段将会需要什么，这是管理的基础，不然只能是兔子用胡萝卜钓鱼一样的徒劳而无功，甚至适得其反。

有一句谚语，就叫作"劈柴不照纹，累死劈柴人"。管理应该尊重客观规律，尊重人性。但是有很多人会藐视"以人为本"的观点，会执拗地认为自己"天下第一""顺我者昌，逆我者亡"。这样做最终会导致组织资源的极大浪费，导致团队的稳定性、成长性、协同性大大降低，进而影响到组织绩效。

激励的重点应该在哪里

我们可以从几个理论中发现激励的重点。

霍桑实验

霍桑实验是管理心理学中的一个著名实验，是关于人群关系运动的实验研究。它是1924~1932年由美国哈佛大学教授梅奥主持的，在美国芝加哥郊外的西方电器公司霍桑工厂所进行的一系列实验。该实验发现工人不是只受金钱刺激的"经济人"，而个人的态度在决定其行为方面起重要作用。

照明实验

该实验的时间是1924年11月～1927年4月。当时的实验假设是"提高照明度有助于减少疲劳,使生产效率提高"。可是经过两年多实验发现,照明度的改变对生产效率并无影响。具体结果是:当实验组照明度增大时,实验组和控制组都增产;当实验组照明度减弱时,两组依然都增产,甚至实验组的照明度减至0.06烛光时,其产量亦无明显下降;直至照明减至如月光一般、实在看不清时,产量才急剧降下来。研究人员面对此结果感到茫然,失去了信心。从1927年起,以梅奥教授为首的一批哈佛大学心理学工作者将实验工作接管下来继续进行。最终他们发现,工人们工作效率提升的主要原因是,他们知道有一群专家在这里做实验,他们感受到被关注。

这一实验表明,当人们感受到受到了关注,工作积极性就可能会提高。

群体实验

梅奥等人在这个实验中选择了14名男工人在单独的房间里从事绕线、焊接和检验工作。对这个班组实行特殊的工人计件工资制度。实验者原来设想,实行这套奖励办法会使工人更加努力工作,以便得到更多的报酬。但实验者观察结果发现,产量只保持在中等水平上,每个工人的日产量平均都差不多,而且工人并不如实地报告产量。实验者深入调查发现,这个班组为了维护他们群体的利益,自发地形成了一些规范。他们约定,谁也不能干的太多,突出自己;谁也不能干得太少,影响全组的产量,并且约法三章,不准向管理当局告密,如有人违反这些规定,轻则挖苦谩骂，重则拳打脚踢。进一步调查发现，工人们之所以维持中等水平的产量，是担心产量提高，管理当局会改变现行奖励制度，或裁减人员，使部分工人失业，或者会使干得慢的伙伴受到惩罚。

这一实验表明，工人们为了维护班组内部的团结，可以放弃物质利益的引诱。由此提出"非正式群体"的概念，即在正式的组织中存在着自发形成的非正式群体，这种群体有自己特殊的行为规范，这种行为规范对人的行为起着调节和控制作用，同时加强了内部的协作关系。

霍桑实验的照明实验，发现了员工的心理状态影响着工作的绩效产出，如果员工感受到被关注，将会有更加高昂的工作积极性；群体实验表明，员工们不想成为"出头鸟"或者"猪队友"，团队氛围和人际关系对员工的工作积极性和工作绩效也产生较大的影响。

双因素理论

双因素理论（dual-factor theory）又叫激励保健理论（motivator-hygiene theory），是美国的行为科学家弗雷德里克·赫茨伯格（Fredrick Herzberg）提出来的。

赫兹伯格认为员工激励的因素可以分为满意因素和不满意因素。

满意因素在得到了满足之后，员工会表现出很满意；如果满意因素不能得到满足，员工也不会很不满。不满意因素如果不能得到满足，员工就会表现出极大的不满意；如果不满意因素得到了满足，员工也不会觉得很满意。所以，满意因素又可以叫作激励因素；不满意因素又可以叫作保健因素。

例如，员工因为工作表现出色而受到表扬，则属于激励因素，而每个月按时发工资，则属于保健因素。

20世纪50年代末期，赫茨伯格和他的助手们在美国匹兹堡地区对200名工程师、会计师进行了调查访问。访问主要围绕两个问题：在工作中，哪些事项是让他们感到满意的，并估计这种积极情绪持续多长时间；又有哪些事项是让他们感到不满意的，并估计这种消极情绪持续多长时间。赫茨伯格以对这些问题的回答为材料，着手去研究哪些事情使人们在工作中感到快乐和满足，哪些事情造成不愉快和不满足。结果他发现，使职工感到满意的，都是属于工作本身或工作内容方面的；使职工感到不满的，都是属于工作环境或工作关系方面的。他把前者叫作激励因素，后者叫作保健因素。

综合霍桑实验和双因素理论，我们不难发现，工作的环境和薪资福利等是基本的保健型因素，可以消除员工的不满情绪，但并不一定能带来员工的工作积极性。而工作本身和人际关系方面的因素能带来员工极大的满意。而工作的意义、工作的成就感、感受到被关注、被团队所接纳，都属于非物质层面的因素。因此也可以说，霍桑实验和双因素理论，都说明了经理人应该把对员工的激励重点放在精神层面。同时经理人也应该注意到，物质层面的激励也不可忽略。

XY理论

我们先来看一则《王小二和周扒皮》的故事。

连续暴雨导致山洪暴发,村庄被冲毁,财主周扒皮因抢救自家财物撤离不及时被困房顶,危在旦夕。雨越下越急,长工王小二划着小船恰巧路过,发现有人呼救,心想"救人一命胜造七级浮屠",便急忙上前救援。逐渐靠近了小二才发现,呼救那人原来是周扒皮。

周扒皮喊道:"快救我啊,给你50两银子!我是周有财。"

救人刻不容缓,小二本来准备立刻施救,这时却停了下来,心想:"本来我想好心救你,现在却成了有偿服务;想你平时刻薄吝啬,锱铢必较,今日看你究竟肯出多少钱买命了。"

周扒皮见王小二故意迟疑,估计是嫌钱少,随即加价道:"60两? 100两? 小二哥,小二叔,小二爷,200两可以了吧? 要不,把小女儿许配与你,外加十亩地、一头牛、五斗米……"命价在涨,话音未落。只听"轰"的一声,一个大浪把周扒皮给拍走了。

营救失败。

王小二就像员工,周扒皮就像经理人。作为经理人,我们究竟把员工看得"高尚",还是"卑鄙"? 这是关系员工尊严的问题,实际上也关乎经理人自己的心胸和格局。王小二难道真是贪财好色之徒,还是周扒皮以己度人?

这个故事余音绕梁、入木三分,值得经理人仔细品味。"君子喻于义,小人喻于利。"经理人管理员工的方式选择,是基于对员工工作动机的基本假设。如同莎士比亚的名言"生存还是毁灭,这是一个问题"。

激励理论中,关于人性的基本假设的最经典的理论,莫过于西方管理学者道格拉斯·麦格雷戈于1960年在其著作《企业的人性面》提出的 XY 理论了。

麦格雷戈指出，管理的根本问题在于经理人对人性的认识，它是一切管理策略和方法得以建立的基础。不同的人性假设必然引出不同的管理策略和方法，进而又影响到企业员工，导致不同的管理效果。

麦格雷戈认为，泰罗和其之前的经理人主要采取了集权型的领导方式，这种领导方式是基于对人性的如下假设：首先，人天性好逸恶劳，只要有可能就会逃避工作；其次，人生来以自我为中心，漠视组织的要求；再次，一般人缺乏进取心，逃避责任，甘愿听从指挥，安于现状，没有创造性；最后，人缺乏理智，通常容易受骗，易受人煽动。

所以，X 理论条件下管理人员采取"胡萝卜加大棒"的管理方式：通过强制、处罚、解雇等手段来迫使员工工作，实行高度控制的集权和独裁管理。管理的职能是计划、组织、经营、指挥、监督和控制；经理人的角色是家长、指挥、督导。经理人要应用组织赋予的职权，要求员工服从并适应工作和组织的要求；以金钱报酬换取员工的服从，制定具体、严密的规章规范、技术规程等要求员工执行。

然而，在现代社会条件下，随着科学技术的发展，组织中员工的生理需要和安全需要已经得到相当程度的满足，X 理论的"胡萝卜加大棒"式的管理方式已经发挥不了相应的作用。因此，需要有一个关于员工管理工作的新理论，把它建立在对人的特征和人的行为动机的更为恰当的认识基础上。

于是，麦格雷戈提出了 Y 理论，即一般人都是勤奋的，如果环境条件有利，工作就如同游戏或休息一样自然；外来的控制的处罚并不是使人们为实现组织目标而努力的唯一方法，人们对自己所参与的目标，能实现自我指挥的控制；人对目标的承诺是同他们的成就相联系的一些报酬的函数，此类函数中最有意义的，是自我满足和自我实现需要的满足，是努力去完成组织目标的直接成果；人不仅是经济人，还是社会人，人在不断追求满足的同时，不仅不逃避责任，反而会谋求重任。在适当的条件下，一般人是能主动承担责任的，不愿负责、缺乏雄心壮志并不是人的天性；在解决组织的困难问题时，大多数的人都能发挥出高度的想象力、聪明才智和创造性；在现代社会条件下，一般人的智能潜力只能部分发挥出来。

因此，在Y理论条件下，经理人的重要任务是创造一个使人得以发挥才能的工作环境，发挥出员工的潜力，并使员工在为实现组织目标贡献力量时，也能达到自己的目标；经理人的角色已不是家长、指挥督导，而是起辅助者的作用，从旁给员工以支持和帮助；经理人应采用的激励方式是给员工更多的信任、更多的职责和自主权，使员工自我控制、自我管理、参与决策、分享权利，即对员工的激励主要是来自工作本身的内在激励，让他担当具有挑战性的工作，担负更多的责任，促使其在工作中做出成绩，满足其自我实现的需要；经理人应在管理制度上给予员工更多的自主权，实行自我控制，让员工参与管理和决策并共同分享权力。

因此经理人对员工的管理方式是需要综合判断的，到底是采用X理论还是Y理论需要根据特定的对象和情境来选择使用，或者搭配组合使用。

我们要相信人性"本善"，但是也要设法防范其中"恶"的成分带来的负面影响。

Q12 与 ERG 理论

员工究竟关心什么呢?"盖洛普路径"给了我们很好的启示。盖洛普公司通过对 12 个不同行业、24 家公司的 2 500 多个经营部门进行了数据收集。盖洛普公司对公司成功要素的相互关系进行了近 40 年潜心研究,建立了一个盖洛普路径的模型,来描述员工个人表现与公司最终经营业绩、公司整体增值之间的路径(见图 6-2)。然后对这些被调查公司的 10 万多名不同公司和文化的员工态度进行分析,并总结了员工最关心的 12 个关键问题。这 12 个关键问题,简称"Q12"。

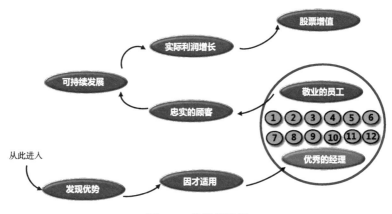

图 6-2 盖洛普路径

盖洛普路径显示,优秀的经理培养出敬业的员工,敬业的员工带来忠实的客户。经理人需要管理好员工最关心的 12 个关键问题,才能让员工变得敬业。

管理好这 12 个问题,其实就是经理人帮助员工营造一个良好的支持系统,使员工能够更好地发挥自己的优势,实现高绩效产出。

Q12 的具体内容如下。

Q1：我知道对我的工作要求吗？
Q2：我有工作所需的资料和设备吗？
Q3：在工作中，我每天都有机会做我最擅长做的事吗？
Q4：在过去的 7 天里，我因工作出色而受到表扬吗？
Q5：我觉得我的主管或同事关心我的个人情况吗？
Q6：工作单位有人鼓励我的发展吗？
Q7：在工作中，我觉得我的意见受到重视吗？
Q8：公司的使命或目标使我觉得我的工作重要吗？
Q9：我的同事们致力于高质量的工作吗？
Q10：我在工作单位有一个最要好的朋友吗？
Q11：在过去 6 个月内，工作单位有人和我谈及我的进步吗？
Q12：过去一年里，我在工作中有机会学习和成长吗？

这 12 个关键性问题会帮助员工向上攀登，直至到达"敬业的顶峰"。

这 12 个问题也经常被很多公司用来做组织环境的测评和员工敬业度测评，但是我更建议经理人把这些问题打印出来贴在自己的办公桌上，时刻提醒自己对照反思：如果员工来给我打分，我各项的得分会怎样？

如果员工在某一项打分偏低，那就说明经理人在这方面有些工作没有做或者没有做好。

下面，我们不妨来看一下员工否定回答和经理人行为改善建议的对应关系（见表 6-1）。

表 6-1 Q12 员工否定回答及经理人行为改善建议

序号	员工否定回答	经理人行为改善建议
1	我不是很清楚对我的工作要求	给员工清晰明确的工作任务,让他们知道要做什么,做到什么标准,什么时候完成,用多少资源投入等
2	我没有工作所需的足够资料和设备	给员工完成工作所必需的资料、设备、工具,进行必要的工作指导和技能培训
3	我不是每天都有机会做我最擅长做的工作内容	知人善任,了解各个员工的长处,尽量安排一些适合员工发挥特长的工作内容
4	在过去的7天里,我没有因工作出色而受到表扬	适时地给员工工作反馈,当员工做到了工作要求或者表现出一些进步,都应该及时给予他肯定和表扬
5	我不觉得我的主管或同事关心我的个人情况	关注和关心员工的情况,除了工作本身的关注之外,还应该利用非工作的时间或者工作的间歇和员工拉拉家常,增进彼此的了解
6	工作单位没有人鼓励我的发展	利用一些员工沟通的机会,告知员工的长处,了解员工的职业发展意愿,帮助员工做好职业发展的规划,并鼓励员工积极进取
7	在工作中,我觉得我的意见没有受到重视	开放听取员工的意见和建议,将合理的意见和建议付诸实施和改善,鼓励员工进言献策,提升他们的主人翁意识和责任感
8	公司的使命或目标没有使我觉得我的工作重要	及时准确地传递公司的使命和愿景,并且联系到本部门各岗位的共同职责,让每个员工都意识到自己的工作是有意义和价值的
9	我的同事们并没有致力于高质量的工作	营造精益求精、追求卓越的工作氛围,奖优罚劣,及时清除团队中的害群之马,进化团队工作风气
10	我在工作单位并没有什么要好的朋友	定期组织部门员工利用非工作的时间进行团队建设活动,鼓励大家相互之间多些沟通交流,增进团队成员之间的了解
11	在过去6个月内,工作单位没有人和我谈及我的进步	利用好绩效沟通的机会,客观、建设性地和员工进行面对面的沟通,对他们取得的进步表示肯定,对他们做出的贡献给予认可
12	过去一年里,我在工作中没有机会学习和成长	根据不同成熟度的员工安排不同挑战性的工作,通过授权赋能、指导支持等方式帮他们不断获得进步和成长

由 12 个关键问题的分析，我们得知员工关心的主要集中在工作本身、人际关系、学习发展这 3 个主要方面。

这 3 个方面，基本和另外一位学者的观点相吻合。这个理论观点就是奥尔德弗的 ERG 理论。他认为人的需求分为 3 个层次，分别是：生存需求、相互关系需求和成长需求。

ERG 理论

ERG 理论是美国耶鲁大学组织行为学教授克雷顿·奥尔德弗（Clayton Alderfer）在大量实证研究的基础上，对马斯洛的需要层次理论加以修改而形成的一种激励理论。他于 1969 年在《人类需要新理论的经验测试》中提出人们共存在 3 种核心的需求，即生存（existence）需求、相互关系（relatedness）需求和成长发展（growth）需求。因为这 3 个英语单词首字母分别是 E、R、G，所以这一理论又被称为"ERG 理论"（见图 6-3）。

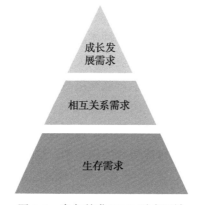

图 6-3 奥尔德弗 ERG 需求理论

另外，他认为这三种需求是可以同时存在的，没有必然的先后顺序。这一理论是对马斯洛需求层次理论的优化和完善，更有利于经理人的管理实践应用。

同时，Q12 中涉及的问题也有其局限性。这些问题主要聚焦在：工作本身、人际关系和学习发展这几个方面，但是在现实中，我们调研的情况是：员工最关心的往往还是物质回报。因此，避而不谈物质回报方面是不真实的。

所以，作为经理人应该关注员工的主要需求，除了工作本身、人际关系和学习发展这几个方面以外，应该还要加上一条：薪酬福利。

这样对应到员工的主要需求，就形成了经理人激励员工的 4 大类主要方法，分别是：**工作激励法、氛围激励法、成长激励法**和**薪酬激励法**。下文中，我们也将重点围绕这 4 类激励方法展开论述。

如何用工作本身来激励员工

为什么说工作本身就是一种激励呢？因为工作可以带给人们一种身份，以及随之而来的收入、人际关系、社会地位和人生价值等。例如，当人们完成了一项有挑战性的工作时，会有自我的成就感；当人们因为自己的工作而为他人创造了价值，会有自我价值实现的满足感；当人们因为工作取得成果而受到肯定和认可时，会有获得关注和尊重需求的满足感。这些满足感是其他事情无法带来的。

不论员工是何种职业，他都需要完成职责内的具体工作，这些具体的工作本身就可以带给员工以激励的效果，人的天性就是希望自己在工作中得到认可和自我价值实现。因此，经理人需要让员工认识到工作的意义、价值和明确的工作目标，并在工作开展的过程中得到关注和支持，最后在工作完成后得到相应的反馈和勉励。

我们发现了工作激励的内在简要逻辑，形成了工作激励的"3C 模型"：challenge 挑战—coaching 教练—celebration 庆祝。

第一个 C 是 challenge 挑战，是指给员工一个挑战性的目标。

经理人要首先要告诉员工一个很清晰的、可以达成的，但是又有挑战性的目标。"跳一跳"能够得着的难度适中的目标，可以让员工充满工作的激情和斗志；如果设定的目标让员工拼命跳了也够不着，也就达不到好的激励效果。给员工的目标和压力，就像拉弓射箭一样。如果你拉弓用力太小，箭必然射得不远；如果你拉弓拉太满，有可能把这个弓拉断。所以对员工的激励，目标的挑战性设定一定要适中。

另外，经理人还要告诉员工这项工作的意义和价值。我们不要光告诉员工要造一艘船，而是要激发他对大海的向往。经理人要赋予员工以使命感。下面介绍一个《三个泥瓦匠》的故事。

一个工地上三个泥瓦匠分别被人问到在做什么时候的回答各不一样。第一个人回答说：我在砌墙。第二个人回答说：我在盖一座房子。第三个人说：我在盖一座教堂，盖好之后，每到周末，就会有很多人到这里做礼拜，这个地方将会成为城市的中心。多年后，这座教堂也会成为这座城市的标志性建筑，游客们都会到这里来观光。

因为对工作本身意义的理解不一样，员工也会对工作的认同、投入和责任担当的程度不一样。很显然，员工对工作意义和价值理解越深，工作的认同度和投入度就会更高。

第二个 C 是 coaching 教练，是指给员工过程性的指导和支持。

很多经理人会说"我只要结果"，但事实是，没有过程就不会有结果。农民们把水稻插到田里，就可以坐等到秋天的收获吗？显然不是。要想有很好的收获，中间有大量的灌溉、施肥、除草、除虫等田间工作需要去做。同样，对于经理人来说，工作任务布置下去以后还需要进行过程的关注和管理。

其中必不可少的至少有两件事，一件事是对下属能力的不足进行相应的指导，另一件事是对下属思想态度方面的认识不足或者价值观偏差，进行及时的思想教育引导和态度辅导。

这里的教练行为，不仅针对技能指导方面，也包含态度辅导方面。

第三个 C 是 celebration 庆祝，是指工作取得成绩以后的庆祝。

当这一项工作已经做完，结果已经呈现出来了，而且是我们希望的、成功的结果。哪怕是再小的成功，我们都应该给员工积极的反馈，要建立一种庆功的团队文化，让大家形成一种胜利的集体记忆。当交办给下属员工的一件事做成以后，很多经理人可能会觉得成功是理所当然的，因此不给予员工任何的肯定反馈。这样做既伤害了下属员工的积极性，也影响了整个团队积极氛围的营造。

部门经理人及时表达自己对员工工作的评价，同时适度传递部门外部对于本部门及员工工作成果的评价，通过表扬肯定来促进员工自我认可，通过非议否定来鞭笞、勉励员工产生改进的动力。

"团结就是力量"这句话对吗？其实不全对。真相往往是：团结本身不一定产生力量，而是团结之后的胜利，让人们欢欣鼓舞充满力量。可见，胜利可以带来激励的效果。无数次的胜利，将会锻造员工的"冠军心理素质"。所谓"冠军心理素质"，就是指对胜利的极度渴望，对自身的极度自信，对压力的极度抵抗力等。当实力相当的竞争对手相遇的时候，具备"冠军心理素质"的一方更容易获胜。

既然对获得工作成果的员工表达认可是如此重要，但是为什么很多经理人还是会吝啬对员工的赞赏呢？在任务的目标达成之后，经理人如何做出更加积极有效的反馈呢？下面我们就针对赞赏员工的方法和技巧进行探讨。

我们先来看一个案例。

在办公室，小孙拿着杯子，拍着小王肩膀，羡慕地说道：小王，你真牛啊！刚入职一个月就谈成了一个大客户！如果拿奖金了，记得请我们吃个饭啊。

小王：嘿嘿。多亏了大家的指导和帮助。感激不尽！

小孙：这事经理知道了吗？

小王：我还没来得及说呢，我这就过去找他汇报。

小王敲门进入了经理办公室。

李经理头也不抬地忙自己的事情。

小王没有坐下来，站在经理的桌子面前说：经理，我跟您汇报一件事情。

经理：嗯。

小王：上周我去拜访的那个大客户搞定了。合同金额也是按照我们的报价来的。您看合同已经盖好章反馈回来了。经理您看！

小王略带兴奋地继续说。

经理：噢。合同我就不看了。找我还有别的事情吗？

小王：没，暂时没有了。

经理：好的。我知道了。

小王好像在期盼着什么，可是看到经理始终没有抬头，只好自己识趣地退出了经理室。

小王回到自己的办公位，坐下，小孙又凑过来了。

小孙：咋样？经理怎么说的。他要给你什么奖励啊？

小王默不作声，皱着眉头。

小孙：是不是会给你提前转正啊？或者在部门例会上表扬一下你啊？

小王：谁知道呢？估计悬。我刚才汇报这个事情给他，他好像并不在意，什么都没说。

小孙：没事的，可能经理忙，有好消息记得告诉我们。

从这个案例中，我们可以感受到员工小王满怀期望地向经理汇报工作，期待得到肯定和认可，但是经理似乎对她费了九牛二虎之力才完成的工作成果不屑一顾。

如果经理换一种方式来对小王拿下大客户的工作成果进行反馈，效果会有什么不同呢？再看这一个案例。

员工小王敲门进入经理办公室。

经理抬头看到是小王，立刻停下了手头的工作。

小王站着说：经理，给您汇报一个事情。

经理：哦。小王啊，你坐下说吧。

小王：上周我去拜访的那个大客户搞定了。合同金额也是按照我们的报价来的。您看合同已经盖好章反馈回来了。经理您看！

小王略带兴奋地继续说。

李经理：哦？是吗？

经理表现得也很开心，他接过合同文本，翻了翻，抬头说：不错嘛！金额也是按照我们报价的来的。拿下这个大客户，我们这个季度的销售目标看来要提前完成了。

小王：是的。至少压力不大了。

经理：这个客户两周前对我们的价格产生怀疑，要求咱们降价，当时他们的态度还很坚决啊。你是怎么说服他们的啊？

小王：其实吧，我就是强调了一下，我们产品的特点和优势。我们的价格是品质的体现，如果他们选择了低价的供应商，会产生一些不确定的质量和服务的问题。站在客户的角度，我也换位思考了一下，如果我是他们，我也愿意买品质过硬的产品，以减少后期维修等售后的麻烦。

经理微微点头，脸上浮现喜悦的笑容。

经理：他们内部财务预算的问题，怎么解决的呢？

小王：我后来从侧面打听了一下，他们内部好像根本没有什么预算控制标准。这只是他们砍价的一个托词。

经理：哦，原来是这样。

经理接着说：你刚进公司才一个月吧，还没过转正期吧。能有这样的表现难得啊！这样，你通知一下大家这周五晚上抽出时间来，部门团建聚餐庆祝一下。就说我请客。

小王：好的。谢谢经理！那我现在就去把合同给他们邮寄回去。

经理：再接再厉啊！你先去忙吧！

经理站起身来，伸了个懒腰，满意地目送小王离开。

在第二天晨会上，李经理收拾了一下手中的文件。

经理：今天晨会还有最后一项议程，那就是祝贺小王谈成 XC 大客户。小王加入我们团队刚满一个月，这次立功，应该说是和她的勤奋工作、认真学习、能够设身处地为客户着想是分不开的。我已经向人力资源部提交了小王提前转正的申请。希望她再接再厉，也希望大家一起努力，今年争取提前完成目标！

小王起身向大家鞠躬致谢。李经理带头鼓掌，向小王投向赞许的目光。

从以上案例中可见，经理看到员工进来以后，先是停下了手上的工作，很专注地和员工做了一次沟通。在沟通过程中，经理始终对员工表示了关注，采用了倾听和适当反馈、提问等方式了解工作的过程和细节。经理还在晨会上当众对员工的工作做了表扬，并且帮助员工争取提前转正的奖励。从效果上看，员工受到了表扬和认可，情绪很激动，相信她会在日后的工作中更加努力。

既然赞赏员工很有效，那么为什么很多经理人还是不愿意赞赏自己的员工呢？他们的顾虑是什么呢？

一般来说，不赞赏的常见原因主要有以下两条。

第一个原因，是经理人觉得不值得赞赏。可能这个事难度并不是很大，在经理人看来，员工做成是理所当然，做不成就有问题了。另外，这件事情也是职责范围内的事情，做好了是应该的。

第二个原因，是经理人担心员工受到表扬之后"尾巴翘起来"，骄傲自满，后面不好好干活了。

当一个 4 岁幼儿将篮球投入了 1.2 米高的儿童篮球架的篮筐里，他兴奋地对爸爸说："爸爸，你看我进球啦！"

爸爸说："哇，太厉害了啊！你是怎么做到的啊？太棒了！"紧接着，他摸了摸孩子的头。

试想一下，如果这位爸爸只顾自己做自己的事情，对小孩的需求置之不理，孩子的心理感受会怎样？更有甚者，如果这位爸爸没好气地说一句："这有什么了不起的！看我的。"说着把球从更远的地方投了进去。"你看你不行吧！……"孩子又会有什么样的心理感受呢？

这个短小的案例是否很值得我们反思呢？员工好的工作表现不应该得到经理人的及时赞赏和肯定吗？员工不就像那个渴望被鼓励的小孩一样吗？我们为什么要吝啬这些关注和赞赏呢？

将篮球投进儿童篮球架的篮筐，对于大人来说是容易的，而对于小孩来说却是困难的。同样，完成某一项工作对于经理人来说可能是简单的，但是对于员工来说可能是困难的。我们赞赏了孩子，却没有赞赏员工。**孩子和员工有何差异呢？是不是因为爸爸对孩子充满热爱，而经理人对员工却爱得不够呢？**

如果我们已经在赞赏员工了，那么我们是否运用了正确的赞赏方法呢？

赞赏员工主要分为四步，分别是：事实—影响—优点—感谢。

第一步是事实。经理人要先描述员工的行为，他们具体做了一件什么事情，事情的基本经过是怎样的。事实的英文为 fact。

第二步是影响。紧接着经理人要说明这件事的结果带来了什么好的影响和效果，比如帮助什么人解决了什么大麻烦，得到了什么重要人物的肯定，或者起到了很好的示范效应等。影响的英文为 effect。

第三步是优点。经理人可以继续说这件事体现出员工在什么方面的优点，比如助人为乐、大公无私、责任心强、换位思考、积极主动、热爱学习等。优点的英文为 advantage。

第四步是感谢。最后，经理人要对员工表示感谢和勉励，并且可以号召其他人都来向该员工来学习。感谢的英文为 thanks。

四个英文单词的首字母拼写起来为 F.E.A.T。英文单词"feat"的意思是"壮举"。所以，我们也可以认为员工取得的每一个值得赞赏的行为都是一个了不起的"壮举"。

如果要用"FEAT 赞赏法"来赞赏"雷锋扶老太太过马路"这件事，我们应该怎么去赞赏他呢？

F 事实：雷锋同志，我今天早晨看到你扶一个腿脚不便的老太太顺利地过了马路。

E 影响：老太太非常感激你此外，旁边的小学生看到你这样的一个行为举动以后，纷纷表示要向你学习。

A 优点：从这件事情中，我们看到你有一个乐于助人的优点。

T 感谢：我替老太太家属感谢你，我也代表连队感谢你！希望你能再接再厉，做更多对人民有益的事情！我们大家也应该像雷锋同志学习！

在赞赏员工的时候，经理人常常会犯的一个错误就是，忘记说员工的"优点"。这就会导致受到赞赏的人和被号召学习的人搞不清楚学习的"要点"在哪里，这样就起不到预期的效果。甚至就像小品里说的，大家只学习和当事人一模一样的事情，比如说学习雷锋"扶老太太过马路"，导致马路上的老太太不够扶的。因此，FEAT 赞赏法中的"优点"就是赞赏的点睛之笔。

另外，赞赏员工还有其他几个注意要点，比如说：要具体，要及时，要公开，要善始善终，要真诚；切忌"假、大、空"，为了赞赏而赞赏。"不是缺少美，而是缺少发现美的眼睛。"日常工作中值得赞赏的员工行为是很多的，关键在于经理人是否用心去关注了。

综上所述，我们希望经理人应该充分使用好这种最廉价、也是最无价、可无限次重复使用的激励方式。如果经理人能够很娴熟、恰当地去运用赞赏激励法，就可以使员工的工作积极性有较大提升，团队的氛围也会有很积极的变化。

如何用团队氛围来激励员工

团队氛围，其实本质上是人际关系，是人与人之间构建的一种感觉状态。如果把整个企业的文化比作是"气候"的话，那么一个部门的团队氛围就可以称之为"天气"。我们某天早晨出门前考虑要不要带雨伞，通常是由"天气"决定的。

因此，影响员工行为的往往不是整个企业的文化，而是部门的团队氛围。而团队氛围的营造和经理人有着极大的关系。麦肯锡团队提出的"**加入公司，离开经理**"，其实讲的就是这个道理。"加入公司，离开经理"是指，员工加入一家公司往往是因为这家公司的品牌、职位、待遇、发展、文化等因素，而离开一家公司常常是因为他的直属上级经理人的问题。

作为一名经理人，我们要十分清晰地知道到底什么样的团队氛围是好的,以及如何营造良好的团队氛围。首先,好的团队氛围至少应该包含以下几个特征。

- 高绩效导向。
- 团队成员的工作态度积极主动、认真负责。
- 团队成员对工作质量追求精益求精。
- 团队成员之间相互关爱,彼此协同。

要营造出这样的良性团队氛围,就需要经理人做好很多的工作,例如以下几点。

- 经理人具有诚信、正直的品质。
- 树立绩效导向的核心氛围,以绩效贡献为评估成员的主要标准。
- 关注员工日常的工作表现,及时予以反馈。
- 关心员工的个人及家庭情况,及时解忧助困。
- 通过不定期的团队活动,促进成员之间的感情交流,增强团队凝聚力。
- 让员工参与决策,对于具有建设性、可行性、创新性的意见要给予及时肯定。

好的团队氛围,也可以归纳为两个"力",即"凝聚力"和"战斗力"。

如何增强团队凝聚力

凝聚力要以信任和感情为基础。人相互之间了解的程度越深,就越能够理解对方,越信任对方。"一起尿过炕,一起同过窗,一起扛过枪"的两个人之间的信任度就会很高。一起尿过炕,代表彼此是发小；一起同过窗，代表彼此是同学；一起扛过枪，代表彼此是战友。这些关系都有共同的经历作为基础，两个人对彼此的了解程度非常深，因而相互的信任程度也很深。

同样，团队成员之间关系的增强，也是需要通过创造更多的"在一起"的机会，让大家共同经历一些事情，最好是经历一些挑战和挫折，从而让大家更熟悉，更信任。除了日常工作形成的天然的"在一起"的机会之外，经理人还可以创造一些非工作"在一起"的机会，可以举办些团队建设的活动，也可以一起吃个饭等。

我们先来看一个案例。

午餐时间到了，小王走出办公室的时候和李经理迎面碰上。

李经理：小王啊，去吃饭吗？

小王：是的，李经理！

李经理：那咱们一起吧？

小王：好吧……

这时，小王突然想到上个月和李经理单独吃饭的情形，心里不禁打起鼓来。因为上次吃饭时，李经理向他问了很多工作方面的事情，感觉像是在开工作会，小王只好毕恭毕敬地倾听和回答他的问题，饭都没有顾得上吃。李经理吃完走了以后，小王才勉强吃了两口，胃口却全无了。

小王：对了，李经理，我突然想起来，今天我还有一个邮件没发呢。今天就不和你一起吃饭了。

说完，他就一溜烟跑开了。

李经理看着小王的背影，无奈地摇了摇头。心里很纳闷：为什么员工都不愿意和自己一块儿吃饭呢？

这个员工为什么不愿意跟他的经理一起吃饭呢？因为经理总爱在吃饭的时候谈工作，而在这会儿谈工作让员工十分拘束和紧张。其实，这位经理人不知道的是，"一起吃饭"正是一个很好的和员工拉近距离、增进感情、加强信任的机会。

在合适的时间场合谈合适的事情，这是经理应该掌握的一种能力。我们很难想象，经理在上班时间详细询问员工的个人情况，这样会让员工觉得有压力，不知道经理想干什么。因此，上班时间在工作场所谈个人的事情不合适，非工作时间在非工作场所谈工作的事情也不合适。有一句俗语"到什么山头，唱什么歌"，也是这个道理。

另外，以下小贴士都是经理人可以常用的增进和员工的感情的方法。

- 在员工的特殊的日子，如生日、入司纪念日等，以部门名义给员工一张贺卡，送上一束鲜花，或是为员工举办一次小型的宴会。
- 平时见面走路碰到了，给员工一句温暖的问候。
- 员工犯了些小错误，不要不依不饶，要真心地关心他，并帮助他改正。

- 向员工分享一些隐私信息，比如家庭、经历、兴趣爱好等。

如何保证团队战斗力

企业面临着激烈的市场竞争，企业里的团队也需要具有很强的战斗力。因此，是不是大家一团和气，团队氛围就很好了呢？显然不是。如果企业里的团队对于绩效目标没有执着追求的精神，那它肯定不是一个好团队。

增强团队战斗力，一方面要持续提升团队成员的能力，另一方面更需要加强对团队内部管理的力度。古人云"克己复礼""没有规矩不成方圆"。用户感受到的极致服务体验的背后，一定是有严苛的管理纪律和强化训练作为前提和基础的。

- 早年海尔的创始人张瑞敏因为冰箱产品不达标，当众砸冰箱，之后海尔的产品质量得到提升。
- 现今外卖小哥奔跑着确保订单的及时率，因为超时了将会受到处罚。
- 国庆阅兵方阵队列的排面和步伐整齐划一的背后，是几个月刻苦练习的结果。
- 新中国成立之前，中国人民解放军因为"三大纪律八项注意"对百姓秋毫无犯，因而受到了百姓的爱戴。

因此，如果说团队凝聚力的提升需要经理人像一位"慈母"，给予下属温和的关爱，那么团队战斗力的提升就需要经理人扮演"严父"的角色，给下属严苛的管束。

提升战斗力就必须要给团队增加压力，进而激发出团队更大的潜力。增加压力的重要方法之一就是，引入竞争机制。运用竞争激励，会使团队内部产生一定的压力氛围，可以快速有效地激发团队成员的士气和潜力。没有竞争，就没有压力；没有压力，团队和个人都不能发挥出全部的潜能。

大家熟知的鲶鱼效应就是这个道理。

鲶鱼是一种性情凶猛好动的鱼类。沙丁鱼却恰恰相反，生性喜欢安静，追求平稳。渔夫在长途运输沙丁鱼时，常常出现大量死亡的现象，后来渔夫聪明地运用鲶鱼好动的特点来提高沙丁鱼的成活率，从而获得了最大的利益。

还记得大学同学毕业 10 年的聚会，当年的同学们有的做了公务员，有的是大学老师，有的成了国企高管，有的在民企担任经理人，有的在家当了全职太太。这群人当初都有相同的教育背景，但是因为相互的职业环境不同，在经历了 10 年的时间之后，彼此之间的差异就十分明显了。其中这种差异就包括每个人的活力状态不同，做事情的节奏和效率也有着明显的不同，尤其是在国企和在民企的同学差异最为明显，在国企的同学严谨稳重，在私企的同学务实高效。想必同学之间的差异，主要还是源于所在的环境不同——国企相对来说，面临的外部竞争压力较小，而民企面临的外部竞争压力更大。

经理人应该懂得采用竞争的方法来激励团队成员，其中建立竞争机制和采用标杆对比法都是竞争激励的具体方法。

建立竞争机制，这种竞争包括部门与部门之间、小组与小组之间、个人与个人之间的竞争；采用标杆对比法，可以将外部竞争对手作为标杆，将行业的历史最好纪录作为标杆，也可以将更高的目标作为标杆；有的团队还会采用内部成员"末位淘汰"的方法来增强团队的压力。

另外，关于竞争激励法，有如下一些注意事项。

在前文我们也谈到任务目标设定的"挑战性"原则，挑战性的目标是员工可以通过自己更多的努力达成的目标，这样的目标"跳一跳能够得着"，因此目标的设定要适度。

另外，既然存在竞争和对比，就必然会出现高低和输赢，经理人应该如何妥善处理这种结果，兑现承诺和做到公平公正，都是应该重视的问题。例如，双方都达到了一个数值，较低的一方可以免于处罚；又如，双方都未达到一个数值，较高的一方仍然无法得到奖励等；再如，如果因为客观外部因素影响导致绩效结果没有达成预期，原则上对于双方都不予处罚。

只有竞争的机制和规则不断完善，才能使竞争激励法发挥应有的作用，否则会带来团队的反感和抵制。游戏规则决定了玩家的行为。经理人要学会通过建立机制和设立规则来对团队进行"法治"。

> ▫ 专栏
>
> ## 守住底线，不越红线
>
> 经理人在营造团队氛围的同时也要守住底线，不越红线。如果发现有员工的行为触犯了一些规则，对团队造成了不可挽回的损失，经理人就要对其进行惩罚。同时，经理人对于可能出现的违规行为要事先进行警示。国家治理要依照法律，企业管理要依照制度，团队的管理要依照规范和纪律。具体应该如何依照法律、制度、规范、纪律来进行管理团队，我们不妨来看一下"火炉法则"。
>
> **(1) 警告性原则。** 一个烧得通红的炉子，哪怕人们不去碰它，都知道它会烫人，于是大家就避而远之了。对于企业里面的一些规章制度，经理人要事先告诉团队成员，并告知相应的

惩罚措施，以起到警示的作用。比如说，有的企业要求"严禁帮别人打上下班卡，和委托别人帮助自己打上下班卡，违反者直接开除"，这一条制度在每一名员工入职的时候，就会被明确告知。

（2）**必然性原则**。只要有人用手碰到滚烫的火炉，就必然会被烫到，不会出现今天碰了被烫，明天可能不会被烫到，后天又可能被烫到了。其实这就是"违法必究"，只要违了法就一定会受到处罚。经理人要对员工违规违纪的情况零容忍，这样才能"杀一儆百"，维护规章制度纪律的权威。要做到真正的"违法必究"，除了经理人坚定的态度，还需要有一定的能力和方法。例如，现代城市的小偷明显减少了，这是为什么呢？就是因为现在的公共场所的监控设备多了，小偷能够逃脱的可能性几乎为零，所以不能再偷了。

（3）**适度性原则**。一个人手碰到火炉的时间长短和受伤的程度是成正比的，你碰的时间越长受伤的程度越重，你碰的时间越短受伤程度越低。犯错的员工受到的惩罚程度，应该和他所犯的错误和错误造成损失的大小相对应。例如，员工偶尔上班迟到了几分钟，我们可能给他一个口头的警告；员工非法收受供应商的贿赂，损害公司利益，经理人则可以根据企业规定对他进行停职、辞退，甚至移交公安机关追究法律责任。

（4）**公平性原则**。不论碰火炉的是什么人，都会被烫伤。大家在火炉面前都是平等的，不会因为你是老人、小孩、男人、女人、强壮的人、虚弱的人、富人、穷人而有所不同。在企业里面，在规章制度前，大家一律平等，没有特殊。

三国人物曹操一次行军途径麦田，下令军队不得踩踏麦

> 子，否则军法从事，后来曹操自己的马受惊误入麦田，曹操拔剑准备自刎，众人劝下。曹操于是割了一绺头发置于麦田以代自己的人头。于是，军士们无人敢踩踏麦田一步。
>
> （5）**及时性原则：**人们碰到炉子，立刻就会被烫到，而不是等到十天半个月之后。同样在企业里，一旦出现了违规违纪的事情，就要在第一时间进行处分。及时处分，一方面是减少损失，另一方面是防微杜渐，在违规和处罚期间避免再发生员工犯错的情况。

营造良好的团队氛围，需要经理人一手抓凝聚力，一手抓战斗力，两者不可偏废。另外，团队氛围还受到很多因素的影响，最重要的就是团队负责人的价值观。经理人正直，团队氛围会就风清气正；经理人精益求精，团队就会关注细节；经理人心怀梦想，团队就会拼搏进取。团队氛围营造的过程，其实就是经理人和团队成员之间不断互动的过程，也是经理人自我修炼的过程。

如何用成长发展来激励员工

"发展才是硬道理。"对于团队中综合表现优异和较为年轻的成员，经理人还要考虑到他们个人成长和职业发展需求。如果经理人做到了这一点，就能够极大地激励员工；如果做不到这一点，将会引发员工的流失风险。

"完美员工"需要的是更有挑战性的工作，更大的成就和更好的价值回报。"年轻人"更加需要获得能力的迅速提升。

员工小杨在做下一年度的工作计划的时候，曾经说了这样一句话：哎呀，我发现我正在做的明年个人工作计划和三年前做的基本上一模一样，我只是把表头修改了一下，把里面的一些数值改了一下，其他没有任何差别。唉，我什么时候才能够有新的工作内容啊！

这样一种抱怨，大家是否似曾相识呢？员工在某一个岗位上做了有四五年甚至更长的时间，从原来的一个生手变成了一个熟手甚至能手。他现在闭上眼睛都能够很快把工作完成，很多工作对于他来说已经没有任何挑战性了，这个时候我们就需要通过帮助其成长和发展的方法来进行激励了。

成长激励法的具体方式包括：增加责任、充分授权、提高参与、梯队培养和职业规划等。

第一条：增加责任——让员工承担更多的责任。

经理人应该对员工加大责任，给他提出更高的要求，让他在有挑战性和变化性的工作中不断提升自己的能力，寻求突破，让他自己感觉到一种成长和成就感。

第二条：充分授权——对员工进行授权。

针对明星员工，他们在能力和工作意愿方面都表现出色，经验很丰富，有很多创新想法，甚至可以协助管理工作。经理人可以考虑采用授权的方式进行激励，例如：新人的业务指导、质量把控、项目的计划管理、部门会议的主持、重大专项的负责人、部分金额的决定权、个别人或物的自由支配权等。这样，员工承担的是一个项目经理的角色，自己给自己干，他的积极性当然会提高。授权，可以提升员工的责任感，也是对员工信任的一种表现。

第三条：提高参与——提高员工的参与度。

让他有机会参与一些重要的决策，**唯有参与，才有认同**。在团队开重要会议或者进行重大决策时，让员工提出自己的看法和观点，对于有建设性、可行性、创新性的观点应及时给予肯定。还可以让他去参与一些高级别的会议，让他去了解企业高层的工作思想状态，让他去感受他的岗位及工作，在整个企业层面的意义和价值，进而增强他们的责任感。

有些企业会安排他们的管理培训生去做高管的助手，通过让他们准备会议材料、列席旁听会议、整理会议纪要等方式来提升管培生的能力，实现快速的成长成才。等过了1～2年的时间，这些管培生开始具备了高管们看问题的视角和格局，这时候再把他们安排到基层的单元去实践锻炼，去深入了解基层的情况，补充基层工作的经验。等到他们入职3～5年的时候，他们就可以成长为基层管理人员了。

杰克·韦尔奇鼓励员工参与企业事务的讨论，在当时的GE开创了研讨的文化，结束了"一切由老板说了算"的企业文化。他在《赢》中说道，"研讨会使企业里的每一个头脑都融进了企业的事业。在一次研讨会上，有一位中年仪表工人告诉我：'25年来，企业一直为我的双手支付报酬，但实际上，企业完全可以用上我的头脑——而且什么钱也不用花。'"他说，不是每个人的意见都应当被采纳，每个抱怨都要被满足，这正是管理者需要判断、决策的内容。显然有的人比别人有更好的主意，有的人更聪明、更有经验或者更有创造力，不论怎样，每个人都需要被倾听、被尊重。

第四条：梯队培养——推荐员工进入人才梯队。

另外，经理人可以将表现优异的员工推荐进入上一层级岗位的人才梯队"储备池"，对其进行梯队人才培养，以便在后面的选拔和晋升中脱颖而出，胜任更高层级的工作。现实中，往往有很多经理人因为担心团队成员入选人才梯队可能对自己的位置产生威胁，所以故意设置一些限制和阻碍。这样做的经理人往往会给公司更高层级的经理人留下一个小团队主义的、保守的、格局低的坏印象，反而对经理人自己的职业发展产生了不利影响。

第五条：职业规划——给员工描绘美好的愿景。

同时，管理者应做好**愿景规划**工作，并且适时向员工传达这种愿景，积极乐观、充满信心与激情地描绘愿景，以及届时员工将会得到的好处。通过愿景的规划与描绘，进一步强化团队的使命与价值观，增加员工对团队文化的认同感和归属感。

1999年2月20日，大年初五，在杭州湖畔花园风荷院16幢1单元202室，18个人聚在一起开了一个动员会。动员会开了整整两个小时，就这样号召大家一起来创业。从1999年阿里巴巴始创，到2019年，在团队的努力下，阿里巴巴以市值39 695亿元，成为2019年中国上市公司500强排名第一的企业。

愿景激励的关键是让员工相信在未来梦想会成真，而且梦想成真后自己将从中受益。当愿景目标设立之后，经理人要带头行动起来，朝着目标的方向努力。愿景也要避免夸大其词，要基于团队的使命、价值观和业务规划。一定要告诉员工，愿景的实现是需要靠团队全员的努力来达成的。愿景，如果能实现就叫作梦想，如果不能实现，那就叫作"忽悠""画大饼"和"开空头支票"。

如何用薪酬福利来激励员工

关于薪酬激励，有的人说"钱给的不够，其他来凑"。这句话我不太认同。精神激励可以在短时间里对员工进行思想的引导和教育，但是因为每个人都有生活的压力，都有经济方面的诉求，时间一长，员工必然也会不满甚至考虑离职。薪资福利既是对员工能力和价值贡献的回报，更是公平和尊重的体现。

薪资水平的设定有什么基本的原则呢？是不是薪资越高越好？是不是薪资只和绩效相关联？是不是薪资存在绝对的公平？这一系列的问题，接下来我们一一来分析。

首先，物质激励的总体原则应该包含以下这几条。

（1）薪资方面：横向比较成可比，投入产出成正比。

（2）福利方面：人无我有，人有我优。

（3）薪酬组合：不同形式、不同周期的薪酬，需要因人而异的进行组合。

横向比较成可比

"横向比较成可比"是指员工将自己的薪资水平和同行业其他企业的相似岗位，或者和他同年龄段的同学、同时进入公司的同事的薪资水平对比，处于中等偏上的水平。经理人需要关注外部同行业、同岗位薪资水平和部门员工薪资的差异，确保部门员工的薪资处于中等偏上水平，才不会使员工不满意。

现实中，有些企业的HR十分苦恼，因为一方面企业的人才在流失，另一方面外部的人员也不愿意进来。往往这种情况产生的重要原因之一，就是薪酬水平处于行业的较低位置。还有的时候，新入职的大学毕业生，感觉自己的收入水平没有同学高，情绪受到消极影响，纷纷后悔自己的选择，想要跳槽更换平台。类似的问题有很多，都是因为薪资水平的原因导致的。

这时候，经理也要懂得评估自己团队的收入水平在外部大环境中的位置，并且要掌握基本的薪酬知识，尤其要懂得综合薪酬的概念。经理人要明白，员工的薪酬福利收入是一个综合的组合，不能光看基本工资的水平，而忽略绩效奖金和其他福利方面的水平。只有经理人掌握更多的相关情况和知识，才能在给员工做薪酬调整和思想教育沟通时，使员工感到更有信服力。

投入产出成正比

"投入产出成正比"是指员工的投入和产出、能力及回报要成正比。

有的人会觉得，自己的能力很强，对企业的贡献大，但是薪酬福利待遇和他的能力及贡献不匹配，所以不愿意再付出，甚至选择离开。因此，经理人要确保员工收入（产出）和他们付出（投入）成正比，也就是通常说的"多劳多得，少劳少得，不劳不得"。有人说员工只有"苦劳"，没有"功劳"，应该重点激励有"功劳"的"功臣"。这一点我们应该怎么理解呢，这个观点对吗？

有的员工确实存在"出工不出活"的情况，就是白忙活，或者帮倒忙，那么这样的员工当然应该予以负向激励。同时，也有大量员工的工作内容是程序性的、事务性的，无法用明确的 KPI 或者 OKR 来进行衡量。这些事务型的工作，就是过程性的，做的过程就是价值创造的体现，工作做完的同时价值表现也就结束了。比如说一些服务型岗位，如前台人员，他们的在岗时长是固定的，接待人数是不确定的，如果不出差错地完成工作任务，就是正常的，并没有什么巨大和显著的贡献。还有的时候，经理人认为员工只完成了基础性的工作或者工作质量平平，算不上"功劳"，充其量只是"苦劳"。所以，大多数经理人都喜欢去重奖那些有"功劳"的下属，而不重视只有"苦劳"的员工。但是，在团队中战功卓越的成员毕竟是少数，那么经理人在考虑整体的激励分配的时候，还要考虑哪些因素呢？我们的企业究竟应该为员工的什么买单，态度、能力还是绩效？

很显然，企业应该为员工的绩效买单，因为绩效是贡献，是价值的创造，是"功劳"。同时，态度和能力并不是直接的贡献，只是做出绩效结果的前提和基础性因素，企业是不是就不需要买单呢？现实中，企业也是为这些因素买单的。例如，企业因为员工的忠诚度高而给员工发放工龄工资。又如，企业因为员工的能力强、经验丰富，因此给他们的薪资待遇更高，而能力弱和经验少的员工薪资待遇要更低。但是，在企业的时间长、能力强就等于绩效贡献更大吗？显然不是。

在有些企业里面，为了控制人工成本，企业并不重视大部分人员的稳定，相反会通过很多方式来增加人员的流动。通常这些企业的岗位对员工的能力要求不高，新人培训上岗成本小，或者这类人才的市场供给量很大。显然，这种做法我们是不提倡的。经理人如果要确保团队成员薪酬福利水平的持续提升，那就要确保员工的绩效表现为持续的增长，而且要控制好因为非绩效因素而上涨的薪资。要提升员工的能力和绩效产出，经理人就必须要加强对团队成员的培训和管理力度。

人无我有，人有我优

很多企业会愿意采取一些除了薪资之外的福利手段来增加员

工的满意度，比如：提高社保和公积金的缴纳金额；提供商业保险，企业年金，生育基金，交通、通信、住房补贴，公司班车，团队旅游，带薪休假，节日慰问，股票，期权，奖金，实物奖励等。这些都属于薪酬福利的范畴。

曾经有一位在民企工作的朋友收到了国有企业的一份录用通知，他征求我的意见要不要去。因为他发现，他现在的单位给的工资水平是高于新单位给的工资水平的，他如果过去了以后将会出现每个月拿到手的工资收入是降低了的。我就问他，是否知道其他方面的福利情况。他说据了解其他福利要比现在的单位高很多。社保和公积金缴纳都足额缴纳，还有年终奖和节日礼金等福利，这些都是现在的单位没有的。于是，我建议他在选择的时候要考虑更全面，不仅仅是税后的工资数额，还有其他的福利保障等。最终，他选择了跳槽，进了这家国企。现在的他，特别庆幸当时的正确选择，因为这家国企的住房公积金和住房补贴都很高，退休后养老金的金额也特别高。

经理人在和员工沟通薪资的时候，要有全面薪酬的概念，而非单独的工资收入。尤其是对一些年轻的员工，他们对于薪资收入的理解是狭隘的，经理人要根据企业情况进行适度的引导。

有一家物流企业，在他们的仓库里有两种岗位，分别是：仓管员和拣配员。仓管员主要负责货物进出库的核验工作。拣配员主要负责的是货物出仓的分拣和出库。两个岗位都是拿固定工资，固定的上下班时间，固定的加班费标准，加班费按照加班时间长度来计算。仓储中心的负责人咨询我一个问题，他说：每到销售旺季的时候，仓库的出货量很大，拣配员就怨声载道，离职人数也很多，招聘来的新人也会很快要求转岗或离职。但仓管员却不抱怨，因为他们只要守在仓库出货口，审核来往的单据就行了，工作量并无太大的变化。

后来我给他们一个建议，将拣配员的薪资结构进行重新设计，可以调整为：基本薪资＋拣配数量的提成。他们听从了我的建议。在做了调整之后，拣配员就再也不抱怨了，离职率也降了下来。因为他们在旺季的时候干得越多，拿得越多；在淡季的时候，干得少，拿得也比较少。虽然实际上公司支付的薪资费用总额基本不变，但是员工的满意度却提高了。

有一家知名培训机构的老总是我的朋友，他跟我说，他上任以后的第一件特别得意的改革，就是将企业销售团队的奖金制度做了调整。具体做法是，他把原来固定的老客户交易额5%的提成标准，更换成了在年度目标任务内的交易按照5%的提成不变，而超过年度销售额目标的100%～120%的销售额部分按照10%来提成，120%～150%的销售额部分的提成按照15%来计算，150%～200%部分的提成按照20%计提，200%以上的部分按照30%计提。这样做的结果就是，他上任后第一年度的销售额就比预定目标多了30%。我对他表示了祝贺，并且更直观地体会到管理出绩效的道理。

由上面的案例不难看出，薪资结构的调整也可以对员工形成有效的激励。

曾经有一位全国连锁型公司某城市分公司的经理人向我咨询，她的下属新员工对公司倡议的员工参股无动于衷该怎么办？她说，她们管理层给员工讲解了，在参股了以后，个人收入会增加股份分红的部分，个人总体收入会有很大提升。事实上，他们参股的员工在近几年来都收到了很好的参股分红的收入。但是年轻的员工对此不太感兴趣。

我帮她做了一些分析,我说可能有这些原因导致年轻人对参股事宜不感兴趣。第一,年轻人对现在的收入水平基本是满意的;第二,他们也并没有坚定和公司一起发展的信念;第三,大部分年轻人并没有什么多余的钱用来投资;第四,他们对于投资行为知之甚少,并无概念。

她听完我的分析,似乎意识到了真正的原因所在。

从这个企业的做法可以知道,给到员工的薪资并不局限于工资本身。

有些企业发展规模越来越大,为了激励和保留核心员工,推出经理人持股计划,采用期权的方式,承诺保底收入,或者企业按比例给予购买股票的补贴。这也不失为一种中长期激励的方法。

满意的员工,可以带来满意的客户

如果你不能让员工在薪酬方面得到满足的话,那么员工势必会带有一些不满的情绪,而不满会带来敬业度的降低。一旦敬业度不高,就会导致客户满意度降低。所以,与其刻意地去追求客户满意,经理人不如先把自己的员工服务好,因为把员工服务好就是在间接把客户服务好。

有一位企业家朋友曾讲过，"企业小的时候是老板的，企业大一点的时候是员工的，企业再大一点就是社会的"。我觉得十分有道理。

企业小的时候，可能就是老板一个人出资，一个人承担主要责任，一个人在付出很多，所以回报最终也主要给他本人。企业到了一定规模之后，员工越来越多，企业的人才越来越多，企业的核心管理层和老板共同为企业承担责任，并做出贡献，所以在物质回报和价值分配方面，大家也是共享创造的价值，所以说企业是员工的。当企业的规模更大的时候，企业就是社会的。当企业到了一定规模的时候，对外部环境的依赖和互动将会越来越多，企业行为的影响面也会越来越大。从企业承担社会责任的角度来看，企业就变成社会的了。因为企业需要承担依法纳税，解决就业维护社会稳定和支持公益等社会责任。同时，企业本身的经营行为也是在为社会创造有价值的产品和服务，这也是社会责任的体现。有的企业上市了或者吸纳了很多的社会资本，企业就要为股东和投资人的利益回报承担责任。如果大型企业倒闭，那么它带来的后果将是十分严重的。

因此，经理人要明白胸怀有多大，才能做成多大的事业，正如老子的《道德经》所言"将欲夺之，必固与之"。这就是"舍得"的哲学。

· 本章小结 ·

激励员工的过程，是激发和满足员工需求的过程。

人之所以能被激励，是因为人都有需求。

激励的重点应该放在精神层面。

我们宁愿相信人性"本善"。

员工的需求可以分为：工作本身、人际关系、学习发展和薪酬福利。

工作激励法归纳为"3C 模型"：Challenge 挑战、Coaching 教练、Celebration 庆祝。

氛围激励法的主要方法是提升团队的凝聚力和战斗力。

成长激励法的具体方式包括：增加责任、充分授权、提高参与、梯队培养和职业规划等。

薪酬激励法的关键在于经理人明白"满意的员工能带来满意的客户"，是一种"舍得"哲学。

管理协作篇

第七项修炼

辅佐上级

会哭的孩子有奶吃。

- 为什么要辅佐上级
- 辅佐好上级的前提是什么
- 如何和上级进行有效的工作沟通
- 什么是堵门理论
- 在非工作场合如何与上级沟通
- 上级为什么会讨厌你
- 企业里的"生存之道"是什么

为什么要辅佐上级

我们和上级是一种利益共同体的关系，可以说是一荣俱荣，一损俱损，合则两利，斗则双输。上级掌握着工作安排、资源分配、人事任免等重要的权力，上级对我们工作的关注、指导和支持，对我们工作成果的达成有至关重要的作用。

如果我们能够和上级进行很好的协作，对各个方面来说都是一件好事。如果上下级配合不当，就可能会导致下属得不到赏识，收入、职业发展受限；对上级而言，下属绩效不好也会牵连大团队整体绩效，进而影响自身利益；对组织而言，会造成组织资源内耗。

另外一个事实是，经理人的工作成就和职位晋升，往往与经理人和上级互动的效果密切相关。我们用一个逻辑关系图来表示，即对上辅佐圈（见图7-1）。

图 7-1　对上辅佐圈

因为我们的沟通，所以上级更加了解我们；因为了解了我们，所以上级更加信任我们；因为信任了我们，所以上级更加支持我们；因为支持了我们，所以我们更加容易成功；因为我们成功了，所以我们对上再进行沟通，汇报情况，表达感恩，就可以让上级对我们更了解，尤其是对我们的忠诚度更了解。

这样的了解加深，对于信任的加深有更重要的作用。因此，作为经理人，我们在事情成功之后，也要和我们的上级进行沟通，只是事后沟通的内容不一样了而已。

工作成果说明了我们的能力和努力，沟通和感恩则说明了我们的忠诚度，当这两者都起到了增强信任的作用时，上级对我们的支持力度也会进一步增强，这种更强的支持则会带来我们更多的成功。这样就形成了我们和上级的良性互动。而且这种互动的起始行为，是经理人对上级的主动沟通行为，或许就是开会时坐在了最前排，或许就是工作聊天群里第一个"收到"的回复，或许就是第一个回答上级的问题。

上级的参与程度往往决定了工作的结果。

关于上级对我们工作的支持程度，下面将按照由浅到深的方式划分为八个参与度（见图7-2）。这八个参与度反映了领导愿意花的时间和精力。从某种意义上来说，这种程度的深浅，和我们团队的工作绩效的表现，往往会成一个正相关的关系。

对于一项工作，如果上级只是有所耳闻，但是没有做任何指示，也没有做任何工作指导，那么此时上级的参与度就极低。

我们看下面这张图，会发现到山顶的这个位置就是指上级亲身全程参与这个项目，此时他的参与度高。从山脚依次拾级而上，会发现上级的参与度不同。参与度低，资源分配不可能多，支持也相应少，高工作绩效很难。我们主观上想减少带给上级的麻烦，降低他们的参与度，但是上级如果缺少参与感，对情况不了解，自然认同度也就不高。而且上级天然具有知情权，我们不能成为信息阻断的屏障。

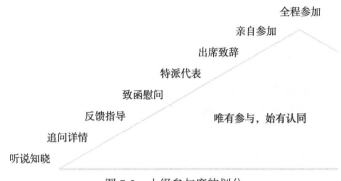

图 7-2　上级参与度的划分

因此"唯有参与，始有认同"。我们不妨扪心自问，或者反思一下，我们日常工作当中上级的参与度到底有多少，我们当然希望他拾级而上爬到最高的地方。如果我们的工作始终停留在这个山坡最下面的三四个层级的话，那么我们的团队获得的资源一定很有限，取得的绩效也会很有限。

提倡提高上级的参与度不代表我们不能独立承担工作职责。分内的事情应该由我们自己和下属团队独立完成，这是一个前提条件；否则，会让上级感觉我们能力不足，依赖心理太重，或者工作太被动。

辅佐好上级的前提是什么

要辅佐好上级，我们就首先要知道上级关心什么。只有这样才能对症下药，精准施策。说到这个问题，很多经理人都会想到，上级当然最关心工作成果，也就是绩效表现。是的，这一点毋庸置疑，绩效非常重要，但是高绩效表现是不是唯一重要的关注点呢？

我们不妨先来看一则《三国演义》里面的故事，故事和曹操的两个谋士蒋干和杨修有关。

蒋干

赤壁之战前夕，两军在长江两岸对峙，曹操欲派使者过江说降周瑜，谋士蒋干主动请缨。过江之后，周瑜接待了他，没等到蒋干开口，周瑜已经喝醉酒，他还拉着蒋干在自己的营帐中休息。蒋干在周瑜的桌上看到了一封绝密书信。这封书信是曹操属下的水军都督蔡瑁、张允两人写给周瑜的。内容大致是：我们择日投靠您，请做好接应准备。

蒋干感到事情紧急，带着书信不辞而别，连夜过江，禀告了曹操。曹操大怒，命令斩杀了蔡瑁、张允二人。杀掉了两人后，曹操突然意识到自己中了周瑜的反间计，但是悔之晚矣。但是蒋干却还以为自己立了一大功。

之后不久，蒋干又主动请命过江说降，周瑜避而不见，设计安排蒋干在驿馆外结识庞统。庞统说自己想要前往辅佐曹操，可惜没有人引荐。蒋干表示自己愿意引荐，两人于是一同过江，拜见了曹操。庞统别号"凤雏"，和诸葛孔明齐名。当时的人都认为"卧龙""凤雏"，君王只要得到其中一个人的辅佐，就可以安邦定国。

当时，曹操的军队里大部分为北方士兵，不适应水上作战，上船就晕船，战斗力大减。正在发愁之际，蒋干引荐了庞统。曹操十分高兴，并请教庞统破敌的方法。庞统看完水军的营寨之后，建议曹军把战船用铁环相互连起来，并在甲板上铺上木板，这样就可以使得士兵在上边如履平地，战马也可以在上面奔跑。曹操听从了庞统的计策，将战船连接起来。后来曹军遭遇周瑜的火攻，战船因为连在一起不能逃脱而损失惨重。

这次又是蒋干的"功劳"。

杨修

杨修这个人聪明绝顶，非常善于揣摩曹操的想法。有一次，曹操视察新修的大宅，临走时在大门上写了一个"活"字。匠人们猜不到其中的意思，杨修给他们解释道，"门"内有"活"，就是一个"阔"字。曹丞相是觉得这个大门有点不够"阔"。于是工匠们把大门拓宽一些。之后，曹操看到了新大门很高兴。他询问之后，得知杨修有过人之智。

还有一次，曹操带兵攻打刘备，久攻不下的情况下，有了退兵的想法，但是还犹豫不定。晚上，曹操传令下去兵营暗号口令为"鸡肋"。杨修知道"鸡肋"是曹操亲自确定的口令，便猜到了曹操的内心想法。将军对"鸡肋"的口令感到不解，杨修就告知了他曹操想退兵又犹豫的心理。将军回去就告诉下属收拾行装准备随时出发。曹操晚上巡营发现了士兵们都在收拾铺盖，才知道是杨修猜透了他的心思。核实后，曹操以"动摇军心"的罪名杀了杨修。杀了杨修之后，曹操勉强进兵，损兵折将后打道回府。

蒋干和杨修，这两个人一个是昏庸无能，一个是聪明绝顶。但是两个人的下场却是庸者生，智者死。这说明了什么呢？

有时候，能否得到上级的认可，并不是"是否足够聪明"的问题，而是你能不能"难得糊涂"的问题。

关于辅佐上级的理论和方法，我们很难在西方管理学中找到相应的研究成果，它应该是和我们的历史文化背景息息相关的。曹操作为他们的上级，他到底关心什么呢？上级除了关心下属的能力和绩效表现之外,还会关心下属的能力是否用对了地方,起到什么作用。还有一个关于曹操的故事,更鲜明地说明了曹操作为上级的所思所想。

有天夜里,曹操住在五凤楼,被叛军围困,很多下属闻讯派兵来解救他。楼外面的混战打得不可开交,直到天快亮了,大家才都散去了。天亮后,曹操召集众下属开会,他让夜里带兵护驾有功的人都站到左手边,没去护驾的站到右手边。站在左手边的人心想会得到奖赏,站到右手边的人心想自己可能要受罚。可是出乎意料的是,曹操命令把站在左手边的人全部杀掉。因为他并不知道哪些人是真正想去救他的,哪些人是想去杀他的,所以干脆"宁可错杀一千,也不放走一个"。

被上级当众批评就一定是坏事吗

有一天开会,上级在会上公开点名批评了你,但是很显然这件错事不是你做的,而是李经理做的。这时候你会怎么办?

A. 立刻举手或起身,很礼貌地纠正上级的错误,但保证自己不会犯这样的错误。

B. 立刻发一条信息给上级,说明情况,相信上级看到短信后会明白真相。

C. 开会的时候不做任何的澄清,等到会后找一个合适的时间,当面向上级解释清楚。

D. 开会时不做反馈,事后也不去找上级,进行自我心理安慰,相信清者自清，吃亏是福。

E. 听到上级的批评，心里非常高兴，就像被表扬了一样，当然不会去找上级解释了。

这是一道单项选择题，我们要从这五个备选答案中选出其中的一项，并且要说明选择的理由。请问你会选择哪一个，为什么？

选 A 的做到了当众礼貌回复，没有直接粗鲁地顶撞上级；选 B 的人觉得要当众给上级留足面子，选择在会场立即发短信给上级查看；选 C 的人觉得没必要当场辩解，选择事后找合适的时机和上级当面沟通；选 D 的人本着在企业中吃亏是福的理念不做任何反馈，继续本来的工作和沟通方式；选 E 的人心中窃喜，"上级这是把我当自己人啊，看来他还是很信任我的，我要继续努力"。

以上 5 个选项，其实可以分成两大类，A～D 4 个选项是一大类，E 选项是另外一大类。分类标准是，上级是否知道事情的真相。

如果我们认为上级确实不知道真相，而选择 C 或者 D 都是更明智的。

如果我们认为上级显然是知道真相而故意这么做的，那就说明上级对我们非常信任，把我们当作"自己人"。他当众批评我们，也不用担心我们在现场跳起来给他难堪。

因此，被上级当众点名批评不见得就是一件坏事，关键在于我们要知道上级到底是怎么想的。

上级到底关心什么

有些经理人在企业中长期得不到晋升和重用，却不知道什么原因,或许我们读懂了《三国演义》里边的故事就应该有所启发吧。

通常,上级关心的一个是绩效,另一个就是信任。除此之外,他们还希望下属要兼顾各方面关系的和谐。所以从图 7-3 中,我们可以看出来上级主要关心的方面。

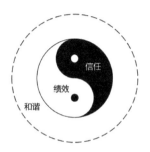

图 7-3　上级主要关心的方面

第一,上级关心绩效。绩效,就是你做了什么,达成了什么目标,实现了什么产出,同以往比有何突破,这件事上级能不能在自己年终工作汇报上作为一大亮点,他可不可以对别人说"你看我的下属团队做成功了什么"。所有企业团队,都是为了追求相应的价值创造而存在的,价值创造必须要以绩效结果的方式呈现出来。所以,绩效为本,上级首要关心的是绩效。

第二,上级关心信任。上级还关心下属是否可以信任的问题。信任度和忠诚度息息相关。上级可能会认为,尽管下属很有能力,也创造了绩效,但总觉得不是自己的贴心人。用另外一个更加直白的话说,这个人不是他的人。如果上级觉得某个下属不值得信任,或者彼此的价值观有本质上的冲突,那么他在下属培养和提拔方面给到的支持就会非常少。

第三,上级关心和谐。上级还担心一种下属,这种下属总是给上级惹是生非，制造麻烦，常常让上级陷入很被动的境地。这种不和谐的关系难免会让上级产生不安，所以很多上级特别希望，自己的下属团队能够处理好方方面面的关系，不要惹麻烦，保持和谐的人际关系。

如果我们再总结一下，上级关心的绩效、信任及和谐这三个方面，也可以和三个"度"联系起来。"三度"分别是指：速度、温度和高度。

第一，绩效关系到速度。速度，就是我们在企业里成长和发展的速度。如果上级想要提拔一个人，他要凭借什么依据才能够服众？他必须要看这个人的工作绩效。如果没有工作绩效，提拔肯定快不了。所以绩效是和我们在企业中晋升发展的速度成正比的，要想晋升发展的速度快，绩效表现必须要好。

第二，信任关系到温度。在企业里，我们的职业发展一定要得到上级的信任。如果上级对我们已经不信任，不论是对能力不信任，还是对价值观和忠诚度产生怀疑，那我们的职业发展基本上也就走到了尽头。这就好比一个生命体，马上要没有温度了，也就是心脏要停止跳动了，那么生命也即将走到尽头。

第三，和谐关系到高度。在企业里，有的人晋升到了一定的职业高度的时候，就会遇到上升的瓶颈，升不上去。探究一些原因，往往是因为这个人的高度不够、层面不够，也就是格局不够。这就和我们上面提到的和谐有关了。人际关系的相处、整合协调资源的能力、建立和谐的内外部关系的能力，恰恰体现了一个人的格局和高度。

如何和上级进行有效的工作沟通

和上级沟通一般分为两种场景，分别是工作沟通和非工作沟通，我们重点先来探讨工作沟通的方法和技巧。**对于上级来说，最宝贵的资源就是时间**，因此我们如何快速、准确地传递信息，也就是提升沟通效率，就显得尤为重要。在每次占用上级的时间之前，我们都要做好充分的准备。

按照时间阶段的不同，工作沟通又可以分为：事前沟通、事中沟通和事后沟通。每个阶段的沟通目的、内容、方式、注意事项都各不相同。

事前沟通定计划

在一项工作开始之前，我们要跟上级沟通明确：任务的目的、目标、方法、权限、资源和时间节点等。具体就是：做什么，为什么做，用什么方法做，用多少资源，什么时间完成，有什么权限，汇报沟通的机制是怎样的。

如果事前沟通不充分，"先开枪，后瞄准"，就难免会出现南辕北辙的结果，既浪费了时间，又破坏了彼此的信任。

事前沟通，由于受到时间的限制，有时候需要经理人采用多种方式，在多个时间去和上级反复确认和校准工作的任务要求。比如，当面沟通领到了任务之后，经理人可以先草拟一份方案，拿着具体的方案再去和上级确认，听取上级的反馈意见，之后再去修改完善并执行方案。事前沟通就是对最终执行效果的一个有力保障。

另外，在事前沟通中，经理人一定要暂时抛弃自己个人的主观想法，注意倾听和体察上级的意图和想法，不要总是抱着"我认为，我觉得，我猜想"的想法，而是要多去想"他认为，他觉得，他要求"。

事中沟通定资源

有些人会认为不需要进行事中沟通，上级的要求已经很明确了。如果我们没有阶段性的成果，就不要去"烦"上级。但是，如果我们不给上级进行过程汇报，那么他会不知道你现在的工作内容、工作进展、工作中遇到的问题和需要的帮助；如果他不清楚我们在做什么，他自然也不知道如何去帮助我们。

过程沟通的内容应该包括当前工作开展进度、遇到的问题和相应的解决方案，还有尚未找到解决方案的难题，以及需要上级如何来提供帮助。

在事中沟通时，数据和事实要准确，分析思路要清晰，解决方案要可行。

很多下属在做工作汇报时，不得要领，上级听完了一大堆的陈述之后，会问一句话："需要我做什么？"

如果某个问题的解决需要调动很多资源，才能满足下属的要求，上级往往会要求大家重新组织专题会议来讨论解决，或者暂时将问题搁置。有些容易解决的问题，如果需要上级提供的帮助和支持是他能够轻易做到的，上级往往是愿意现场帮你协调解决的。

"会哭的孩子有奶吃。"如果因为事中没有有效的沟通而使工作变得更糟糕，最终经理人将会承担主要责任，并受到上级的严厉处罚。相反，如果过程中进行了有效的对上沟通，一方面事情不会变得特别糟糕，另一方面即使最后积重难返，上级对经理人的处罚也会网开一面。

所以事中沟通的目的，更多是汇报情况，争取资源。

事后沟通定功劳

当事情结束以后，我们要及时将相关工作结果做复盘总结，向上沟通的主要内容包括汇报结果，说明原因，并对上级的支持表达感恩。

在做工作总结汇报时，经理人要尽量客观，以数据和事实说话，多谈一些不足，少说一些优点。经理人不要把工作成功的原因全归结到自己身上，要兼顾下属团队、协同部门、上级、外部合作伙伴等方面。如果工作结果不是很理想，我们要客观分析原因，多谈自身的不足，自己多承担失利的责任。

有些经理人会把对上表达感恩看作是"拍马屁"而不屑一顾，但事实上是否感恩，直接体现了我们对于自身工作成果的达成的一个理解。我们团队的工作绩效和成果往往和上级的资源分配和统筹支持是密切相关的。如果我们认为自己的工作成果就是靠我们个人和团队努力而达成的话，那未免就太过狭隘了。试想一下，如果我们不表示感恩，上级可能会想："这个家伙是'白眼狼'啊！我对他这么好，他连一句感激的话都没有。"之后我们再想从上级那儿获得支持就会很难了。

我们感激上级不但不是一件需要去鄙视的事情，反而是一件有意义的事情，而且如果坚持去做还会获得上级的更多信任。

如何说服上级

某公司将要推出一款新品P5，陈总要在华南和华东区域之间选择其中一个作为新品上市的试点，新品上市对于地区市场的销售提升将会产生较大的积极影响。在听完两位区域经理做的上市方案的汇报之后，陈总选择了华东区域。

华南区域的赵经理得到通知后，十分不解，心怀不甘，闷闷不乐。他去休息区时正好碰到了总经理办公室的周主任。

赵经理："周主任，您忙吗？想问您一点事。"

周主任："老赵啊，咋啦？"

赵经理："我看到新品首发这次给到华东区了。为什么啊？凭什么又是老李他们啊？"

周主任："哦，这事啊！老赵啊，可能有些情况你不了解。关键是在上次你们几个区域的营销方案汇报之后，领导比较了一下，就确定了给李经理他们区域了。具体情况是这样的……"

周主任描述完了当天的李经理汇报的情况之后，老赵似乎有了一些触动。他匆匆说了一声"谢谢"，便端着茶杯走了。

当天方案汇报会的具体情况是，先由华南区域的赵经理发言，再由华东区域的李经理发言，最后由陈总进行方案的综合评估。

赵经理拿着一张A4纸，开始了汇报。

赵经理："尊敬的陈总，您好！您最近辛苦了！"

"根据您的要求，我来谈谈对于P5在华南区域试点上市的一些想法。想法可能还不是很成熟，请领导多多指导批评！我们考虑，按照去年的P4上市方案应该没有问题。

"在我们华南区，市面上目前是缺少像P5这样的产品的，所以只要我们做点广告和促销就一定会大卖。根据我们的经验来看，部门同事在这一点上都是有信心的。还有，还有就是那个……"

赵经理突然语塞，停顿数秒，继续说下去："哦，对了，上半年在您的指导下，我们团队的销售业绩已经有了明显的提升。相信P5的上市，能够进一步拉动片区的销售业绩，也能增强我司在华南市场的品牌影响力。只要给我50万元的营销费用，我还您一个首个季度 500 万元的销售额。君子一言,驷马难追。我可以对天发誓,如果业绩达不成,我任您处置。"

陈总越听越感觉玄乎,心里一愣一愣地,不知道说什么好,也不好打断他。好在他也说得不多,几句话就说完了。

陈总:"你说完了啊?你的想法我知道了。你先去忙吧。"

赵经理:"好的,领导!"

老赵起身离开了会议室,也不知道自己汇报得怎么样,表情略显疑惑。

接下来,负责华东区域的李经理进入会议室汇报他的"新产品 P5 区域上市试点"营销方案,他不仅有纸质的文件材料给到陈总和周主任,他自己还准备了一份精美的 PPT。李经理熟练地进行讲解,显然他对 PPT 的内容十分熟悉。

李经理:"领导,我简要汇报一下我们部门做的新品上市的推广方案。我们团队在两周前拿到了这个产品的说明书,并进行了学习研究。了解到这款产品的特点、性能、适用人群等信息,我们发现它更时尚,应该适合 90 后这类追求个性的高品质体验感的人群。同时,我们也分析了目前市场上的竞品情况,总结提炼出我司这款新品的卖点。我们初步考虑定价在 4500～5000 元比较合适,比 P4 高 500 元,比对手的 S3 高 550 左右。"

陈总一边看着 PPT 一边满意地点头。

李经理继续说:"在推广渠道方面,除了传统的纸媒、电视、电台广告之外,我们也打算通过手机 App 等新媒体渠道进行推广。新媒体的消费者细分较为精准,消费者黏性高,转化率也可以进行监控和评估。竞争对手的 S3 系列产品,两个月前上市就是采用的手机 App 渠道,转化率能够达到 0.30%。这个数据是我们行业新品上市的单季度平均转化率的 8 倍。

"根据我们的调研,目前华东区域市场销售情况如下。我司的 3 款产品,竞争对手的两款产品,合计 5 个产品的销售额季度平均每款 200 万元,季度销售额最高的产品是我们的 P4 型号的产品,为 300 万元,最少的是对手的 S2 产品,为 50 万元。

"我们找到了去年我司推广 P4 产品当季的销售数据,华东区为 400 万元。我们进行了一个对比分析,预计今年 P5 的季度销售额应该可以做到 450 万元。另外,考虑到今年经济下行压力会影响消费者市场预期,预计上市首个季度销售可以确定在 400 万元。季度营销费用,我们也测算了一下,基本和去年的 P4 推广费用持平,大概 80 万元。

"可能存在的风险点,就是对手计划近期上市的新品 S4,可能会对 P5 产生一定的竞争压力。我想如果我们的上市时间可以再提前一个月,应该可以很好地避开直接竞争血拼,获得先发优势。

"汇报完毕!"

在过程中,陈总仔细看着 PPT,不时翻阅一下手中的资料,认真地听着李经理的汇报,微微点了点头。

最后,陈总说:"好。我刚才仔细听完了,你们考虑得比较全面,也有数据的分析,我基本同意你们的方案。关于 P5 的上市时间问题,我会考虑的。"

我相信每个人都能从上边的案例中获得感悟。

赵经理，在汇报中用了很多"可能""也许""应该""我觉得""我发誓"等词语，洋洋洒洒，"拍脑袋决策""拍胸脯担保"，如果新品首发真的给他们做，估计下面就等着"拍大腿后悔"和"拍屁股走人"了。

那么，李经理不同之处在哪里呢？

他在陈述的过程中，更多的是谈了一些数据、成功案例、具体的措施和可行的方法。他能够清晰精准地把费用预算、时间节点和需要上级的支持等阐述清楚。这样的沟通对上级势必有很强的说服力。

因此，经理人要珍惜每次和上级沟通的机会，尤其是要把握好关键沟通的机会，才能为团队争取到更多更好的资源，也才能为自己的职业发展拓展更广阔的空间。

上级不愿意和我们沟通怎么办？

有时候，经理人会遇到上级不批复报告，不回复短信和邮件，不接听电话，不给面谈的机会等对上沟通受阻的情况，那我们应该怎么办呢？

一般情况下，上级不愿意跟我们沟通，可能有以下几个原因。

（1）**我们手头的工作，不是上级最关心的重要又紧急的工作。**例如，在面临严峻的销售压力的情况下，后勤部门经理找上级沟通员工餐厅的改造方案事宜没有得到回应。

（2）**上级认为我们的理解能力和执行力不够，沟通了也没有什么意义。**例如，上级已经指导了很多次，但我们不能领会和理解，依旧我行我素，对他的指导和要求置之不理。

（3）**上级认为我们沟通的时机和方式不对，不方便沟通。**例如，我们发给上级一个长篇大论的方案，上级根本没有时间仔细阅读这个方案。又如，对于一个复杂的问题，我们想在例会上有限的时间里来谈。

（4）**上级认为我们对问题的思考不够深入，或者给到他的是问答题和填空题**。例如，我们问他"导致销售不理想的主要原因是什么"或者"改善销售业绩的方法有哪些"。

既然上级不愿和我们沟通，那么我们就不和上级进行沟通了吗？当然不行。这时候，我们不应该产生对上级的埋怨情绪，而要设法解决问题。改善我们自身的理解能力和执行力固然重要，但并非一朝一夕可以做到，但是改变沟通的方式和方法却是可以立竿见影的。

我们先来探讨一下沟通方式的选择问题。对上沟通方式的选择是非常重要的。不同方式所传递的信息的有效性和沟通的有效性有显著的差异。

例如，我们发一条文字信息。文字信息的清晰度和严谨度很高，但是没有反馈和互动确认，信息可能被误解，另外信息沟通不利于情绪情感的传递。

又如，我们选择面对面的沟通。情绪情感的交流会更好，信息丰富度很高，但是信息严谨度可能就没有文字信息高。

所以根据沟通方式的"信息丰富度"和"信息严谨度"这两个维度，我们可以得出一个对比图（见图7-4）。

我们会发现没有一种沟通方式是最好的。面对面沟通不一定就是最好的，报告、邮件等沟通也不代表就不好。我们需要根据不同类型的沟通内容和沟通对象等因素，来决定我们的沟通方式。

彼得·德鲁克认为上级分为"读者型"和"听者型"，下属对上沟通方式的选择也要和上级的类型匹配。他认为，"读者型"喜欢看文件和文字的信息,"听者型"会更喜欢听电话或面对面的沟通。

图 7-4　不同沟通方式的信息丰富度和信息严谨度对比

我建议,能够面对面和上级沟通的时候,还是尽量使用面对面沟通的方式。因为,面谈传递的信息更加丰富,还可以交流感情。

现实中,这种面对面沟通因为消耗的时间等资源很多,而上级能给到我们的时间非常有限,有时候上级和我们还不在同一个地方,所以这就决定了我们很难实现经常和上级面对面沟通。

面对面沟通,因为其沟通信息的不规则性和不准确性,导致了在沟通结束时候,往往会出现信息的超载或者是语义的曲解。为了弥补面对面沟通的缺陷,我们往往要辅之以书面沟通方式的确认,比如说在面对面沟通之后,及时让上级对会议纪要、备忘录等备忘文件签字确认,或者采用电子邮件回复等方式进行确认。

同样,有些靠单纯的文字报告、邮件、短信等无法说清楚的事情，则应该争取采用视频会议或者面对面沟通的方式。

对上沟通方式的选择，不应该是单一的，而应该是组合的，因人而异的。

什么是堵门理论

很多时候我们就是约不到上级的时间，那么我们该怎么办呢？我们能做的不是被动等待，而应该主动出击。如果不得不进行面对面沟通，我们就可以主动了解上级的行踪，然后在他的必经之路上等着他。他刚出门，我们就可以上去跟他汇报一下，说不定他三言两语就帮我们把难题解决了。

这种依靠"堵门"争取沟通机会的行为，需要经理人的勇气。

然而堵门也是有风险的，不是每一次都能成功，甚至还有可能适得其反。因为这种积极主动的行为，往往可能被上级认为是咄咄逼人，引发上级的反感。因此如果没有做好充足的准备，还是不要贸然行动。

通常，当上级被堵门时，他通常会满足下属的请求，毕竟举手之劳，何乐而不为。只要诉求不是特别过分，不是原则性问题，不占用大量的时间精力，不会带来不良后果，上级一般都会满足。

尽管堵门不一定成功，但是不堵门肯定不会成功。

因此，我们也大胆推测：一个人的成就跟他堵门成功的次数成正比。一个成功的经理人一定比平庸的经理人经历过更多的堵门事件。如果说一个人从来没堵过门，那他的成就应该不会很高，因为堵门是主动积极对上沟通的一种极端体现。这个观点，我们不妨称之为"堵门理论"。

在非工作场合如何与上级沟通

有一次，我去成都出差，为一家公司的经理人讲课。

客户公司的总经理亲自热情地到机场接机，他的人力资源经理也随车同行。

在机场驶向培训场地的过程中，坐在副驾驶位置的总经理开始回过头来对着坐在后排的人力资源经理问道："小张啊，你平时下班了以后回去干什么呀？"

小张略显紧张地回答道："领导，我平时下班回家后会看一些人力资源方面的书籍，学习人力资源相关的知识，研究一些其他企业的人力资源管理的案例。"

总经理继续问："那你回去有什么兴趣爱好啊？年轻人嘛。比如打打游戏，看看电影什么的？"

小张经理答道："领导，我从来不打游戏。我爱好不多。现在还年轻嘛，我就想多点时间钻研工作，多学习提升一下。我最近还报考了国家人力资源管理师。"

于是，在剩下的车程中，那位总经理就不再和小张聊天了。

从这个案例中，我们可能会发现，小张似乎不太会聊天。他的上级原本是想对他表示一下关心，活跃一下车内氛围的，却不想被他的过于认真给打败了。这里就引申出一个话题：在非工作场合究竟如何和上级沟通呢？

经理人应该会审时度势，帮助上级在非工作场合卸下职位和头衔的包袱，使他们可以"与民同乐"。如果经理人能够邀请上级参与下属团队的团建活动，那么上级对团队的感情也会更深，他后续在工作上对团队的支持和关心想必也会更多。

上级为什么会讨厌你

综合以上的论述，我们发现会导致上级讨厌下属的主要原因有很多。接下来，我们不妨看看下属不当的行为有哪些。

让上级讨厌的 25 种行为

（1）从来不沟通，上级不熟悉你。

（2）上级交代工作时不作声，听不懂也不问。

（3）总有坏消息。

（4）把活都干完了，没上级什么事。

（5）让团队成员不尊重你的上级。

（6）先斩后奏。

（7）不重视上级安排的工作。

（8）和上级对着干，拒不执行。

（9）在工作过程中遇到问题不反馈，延误了时间。

（10）汇报工作没有重点，逻辑混乱，信息失真。

（11）上级总是从别人口中知道你的情况。

（12）给你资源支持了，也没有结果反馈，或者没有结果产出。

（13）惹是生非，让上级帮你擦屁股。

（14）大嘴巴，不能保守秘密。

（15）自作聪明、自以为是。

（16）背后议论上级，说上级的坏话。

（17）没大没小。

（18）给上级起诨名外号。

（19）不感恩，认为取得的成就是自己的努力所得。

（20）没有进步，扶不起的阿斗。

（21）总给上级出填空题和问答题。

（22）在专业上欺负上级，说他不懂。

（23）不陪上级玩。

（24）拒绝和上级一起吃饭聊天。

（25）不关心上级。

以上这25种行为，我们曾经做过多少种呢？不妨统计一下，如果我们做过极少，那么属于正常情况；如果大部分都做过，那我们就要反思自己是不是过于忽视或者藐视上级了。这25种行为可以分为3个方面，第一个是工作方面，第二个是非工作方面，第三个是下属个人道德修养方面。

分析让上级讨厌的25种行为不是为了惹恼上级，而是为了照照镜子明白自己的不足，进而改善我们的行为以更好地辅佐上级。因此，对应地，我们也归纳出了让上级青睐的25种行为。

让上级青睐的25种行为

（1）经常沟通，让上级熟悉你。

（2）及时反馈，不懂的问题先思考，再询问。

（3）多给上级报告好消息。

（4）让上级参与你的工作，体现他的价值贡献。

（5）让你的下属尊重你的上级。

（6）先请示再行动。

（7）把上级安排的工作排在第一位。

（8）迅速执行。

（9）在做的过程中及时反馈，避免延误时间。

（10）在汇报工作时结论先行，言简意赅，事实清楚。

（11）亲自主动及时给上级汇报自己的情况。

（12）利用好上级给予的资源，及时反馈结果，努力做出成果产出。

（13）安分守己，和睦共处。

（14）守口如瓶。

（15）经常谦虚请示，请上级做参谋。

（16）背后不议论上级。

（17）注意场合分寸。

（18）不传不起上级的诨名外号。

（19）向上级表达感恩。

（20）成长进步。

（21）多给上级选择题或判断题。

（22）耐心地说明并回答专业方面的问题。

（23）业余时间可以陪上级一起玩。

（24）有机会和上级一起吃饭聊天。

（25）实时关心上级。

如果我们把这 25 种行为都谨记在心，且遵照执行，相信上级一定会对我们更加欣赏，我们的团队也会因此获得更多的帮助和支持，我们个人在组织当中创造的价值也会越来越大，职业的发展当然也会越来越好。

企业里的"生存之道"是什么

在每个企业里面都会有一些人，我们觉得他们没创造什么价值，但是仍然留存下来了，甚至还得到了升职加薪。

牛气的客户经理

我有个好朋友在银行工作，他们银行有这样一个案例。支行零售部有很多名客户经理，这些客户经理的职责都是相同的，主要负责拉存款，放贷款，卖理财产品等。其中，有一个客户经理从来不承担部门的琐碎杂事，从来不加班，从来不参加部门的集体活动，甚至有些工作会议和培训也借口逃脱，就连客户资料的归档和信息录入等原本需要他自己完成的工作，他都甩给了同小组的另外一位客户经理来完成，但是分管副行长对他的行为表现也只是"睁只眼，闭只眼"。我猜想，这个客户经理肯定有什么过人之处。我的朋友道出了其中的缘由，原来零售部的主要业务指标都是这个人完成的。

从这个案例我们也不难看出，在企业里，每个人都有自己的"生存之道"。存在即有合理性，就像《西游记》故事中的主角们，他们每个人在团队中的存在都有其价值。沙和尚存在的道理是什么？因为他任劳任怨，挑行李是他存在的主要价值。孙悟空存在的道理是什么？因为他武艺高强，降妖除魔是他存在的主要价值。猪八戒存在的道理是什么？因为他善于沟通，维持和谐的关系是他存在的主要价值。如果某一天，沙和尚说他不想挑行李了，但他去打妖怪又打不赢,他也不能协调各方面的关系,那么这个团队还要他干什么?他必然会生存不下去。

有的人虽然绩效表现不好,但是他们愿意承担更多上级交代的其他任务;有的人的工作暂时没有产出,但是这些工作对于企业的发展来说是特别重要的,更具前瞻性、创新性和战略性意义的。如果我们单纯地从绩效贡献这个维度去评估一些人和团队的价值的话,那就难免偏颇了。

在现实中,我们和上级所在的立场和角度不同。或许有很多隐藏的信息是我们无法全部了解的,而上级又没有绝对的义务对每一件事情进行解释和说明。因此,有时候我们看不懂,不代表就是不合理、不公平。

经理人也应该找准自己在企业中的定位,找到自己的"生存之道"。有的人空有一身本领却得不到上级的重用,有的人只因为和上级的沟通较好,就得到了提拔和重用。可见,和上级的沟通如何,其实关系到经理人职业发展的"生死存亡"。中国历史上很多"忠臣""名将"遭到贬谪和迫害,有一部分原因就是他们对上沟通态度的轻慢和辅佐技巧的缺失。

经理人一方面需要苦练本领,增强自身的核心竞争力,另一方面也不要忽略和上级的沟通。只有这两个方面都有所提升,才能在企业中获得更好的发展。

·本章小结·

不辅佐上级双输，辅佐好上级双赢。

通常不是我们的努力程度和个人能力决定了成败，而是上级给予的资源。

绩效、信任与和谐，是上级最关心的三个方面。

事前沟通定计划，事中沟通定资源，事后沟通定功劳。

有时候"如何沟通"比"沟通什么"更重要。

堵门，不仅是一种沟通解决问题的方法，更是一种积极沟通的态度。

让上级"更讨厌"还是"更青睐"，这是可以选择的。

经理人要明白自己的"生存之道"，既要增强自身的核心竞争力，也不要忽略和上级的沟通。

第八项修炼

跨部门协作

一个篱笆三个桩,一个好汉三个帮。

- 为什么要做好跨部门协作
- 促成跨部门协作的正确理念是什么
- 跨部门协作中的常见沟通问题有哪些
- 促成跨部门协作的常见方法有哪些

为什么要做好跨部门协作

俗话说"一个篱笆三个桩，一个好汉三个帮"，经理人的成功离不开他人的助力，除了上级和下级之外，同级的配合和支持也至关重要。如何进行跨部门协作，是很多经理人遇到的难题。

事实上，很多经理人得不到职位的晋升，无法成为高层管理者的原因之一，就是太过于看重本部门的利益，不懂得和其他部门良好协作。这样的经理人，往往"层面"和"格局"不够。这里"层面"和"格局"最主要的是指经理人怎么看待与同级相处，是否具有大局观、大团队的意识。要想担任公司的高层管理者，就需要经理人首先在思想意识方面具备全局观和战略眼光，还要有一定的横向沟通能力和影响力。

相比于对下和对上，对于和同级的协作来说，我们并没有资源和权力的优势，也没有足够的道义和责任的保障。我们对团队内员工的管理是可以掌控的，因为我们掌握了权力和资源，能够通过职位的权力对员工进行约束。我们和上级的协作也是相对容易的，因为帮助和支持下属经理人的工作，本身就是上级的责任和义务。因此，与同级沟通就需要经理人一方面要具备正确的部门协同的理念，另一方面又要掌握部门协同的方法和技巧。

和辅佐上级类似，跨部门合作的基本逻辑是：沟通了解—产生信任—进行合作—实现成果—分享利益，这样循环往复（见图8-1）。持续合作的核心是双方的诚信。

图 8-1　跨部门合作的基本逻辑

总会有些部门给人很难配合的印象，这样的部门经理人就会成为千夫所指的众矢之的。那么为什么有的部门就是不配合呢？我们不妨先找到不配合的原因，再对症下药来寻找促进部门之间协作配合的方法。

一般来说，常见的部门之间不配合协作的主要原因有以下几点。

（1）需求部门态度恶劣，总是居高临下，颐指气使，盛气凌人。

（2）需求部门忘恩负义，过河拆桥。

（3）协作部门如果"见死不救"，也不会影响到自己部门的利益。

（4）协作部门就不想看到对方好，害了"红眼病"。

（5）协作部门害怕做了无用功，协作事宜本身的必要性受到质疑。

（6）协作部门不负责这项工作，工作职责本身的归属不清。

（7）协作部门不是唯一的选择，找其他部门同样能解决问题。

（8）需求部门不能清楚说明工作的具体要求，导致协作部门不知道如何配合。

（9）协作事宜本身难度太大，要求太高。

（10）协作部门实在太忙了，无法按照要求保质保量按时完成配合工作。

（11）协作部门没有足够的能力和资源完成配合，心有余而力不足。

促成跨部门协作的正确理念是什么

针对以上的主要原因，不难看出，要想促成部门之间的高效协作，就需要双方都付出相应的努力，既要具备正确的协作理念，也要掌握具体的协作方法和技巧，以下是一些例子。

（1）需求部门态度要诚恳。

（2）需求部门要懂得礼尚往来，切忌短视，要反思过错，及时改正。

（3）企业要有协作文化和相关的机制来处分破坏协作的行为。正如任正非所说的"胜则举杯相庆，败则拼死相救"一样。

（4）协作部门要有胸怀和格局，摒弃零和博弈的思维。

（5）需求部门要充分说明协作事宜的必要性和重要性。

（6）企业要明确职责分工，部门之间也要建立"首问负责制"。

（7）需求部门要清楚说明工作的具体要求。

（8）需求部门不能提出不切实际的、要求过高的协作工作。

（9）双方部门需要根据协作事宜的具体情况，酌情谈判商定具体的完成标准和执行方案。

具体促进部门之间的协作，我做了一些总结，主要分为"理念"和"方法"两个方面。本节主要介绍理念。

正确的理念应该至少有两个：双赢和远见。

理念一：双赢思维

有人和上帝讨论天堂和地狱的区别。上帝对他说："来吧！我让你看看什么是地狱。"他走进一个房间。房间里有一群人，他们围着一大锅肉汤，但每个人看上去都一脸饿相，瘦骨伶仃。他们每个人都有一只可以够到锅里的汤勺，但勺柄比他们的手臂还长，他们自己没法把汤送进嘴里。有肉汤喝不到肚子，只能望"汤"兴叹，无可奈何。"来吧！我再让你看看天堂。"上帝把这个人领到另一个房间。这里的一切和刚才那个房间没什么不同，一锅汤、一群人、一样的长柄汤勺，但大家都红光满面，正在快乐地歌唱着幸福。"为什么？"这个人不解地问，"为什么地狱的人喝不到肉汤，而天堂的人却能喝到？"上帝微笑着说："很简单，在这儿，他们都会喂别人。"

一则《天堂与地狱》的故事，告诉我们合作的重要性。同样有一句谚语告诉我们要与人合作的道理，"每个人都是从天堂坠落到人间的，只有一只翅膀的天使。只有相互拥抱，才能飞回天堂。"

汉语中的"人"字，就是两个笔画相互支撑的样子，同样也说明了合作的重要性。

人与人之间、部门与部门之间、企业与企业之间，甚至国家与国家之间，实际上都应该是一种合作的关系。但是不幸的是，不合作的事例屡见不鲜，而且常常是相互争斗导致的双输结果。

经理人在跨部门关系处理方面，应该具有"合作双赢"的思维,就是人们常说的共同把"蛋糕"做大,每个人可以分得更多,而不是共同为了一块"小蛋糕"你争我抢。不愿意合作的经理人的思维深处往往会有一种"零和思维",因此才会患上"红眼病"。他们认为只要别人获得了好处,自己就吃了亏,好像别人是抢了自己的利益。

所谓"零和",就是指两个数字的和是零,比如说1和–1相加等于0。零和思维,就是我赢你就输,我输你就赢,一方所赢的就是另一方输的,总和为零。

与"零和思维"对应的就是"非零和思维",也就是"双赢思维"。"非零和"是指我也赢,你也赢,我们赢的是第三方的东西,是1+1>2的情况。

双赢思维的理念,是跨部门协作非常重要的第一理念。

受制于在某个时间段的企业内部的有限资源,经理人难免会产生零和思维,从而陷入"你死我活"的利益纷争。这时候,一方面需要上级沟通说明,协调更多资源;另一方面,经理人自己也应该主动放弃零和思维,转而去寻找合作双赢的机遇。

理念二:远见思维

早些年,我到外地出差或者旅游,常常因为赶火车而误了饭点。在上火车之前,我买了一碗方便面。上车泡好之后,我发现这个方便面的包装上写的是"康帅博",它是一个冒牌货。但是想回去找店家算账为时已晚,因为车已经开动了。而我下次再回到这个地方,可能已经是很多年以后了。

为什么我们会在火车站买到冒牌货，而在自家门口的商店从未买到假货？到底是什么影响了人们的诚信。

通常来说，"一锤子买卖"就容易导致不诚信行为的发生，而不诚信行为是合作的最大破坏因素；而多次的互动，"低头不见抬头见"的关系就会减少不诚信行为的发生，进而促成合作。部门与部门之间的关系，是一个长远的关系。经理人应该将目光放得更加长远，要想到今天我的不合作会带来明天你的掣肘，今天我的合作会带来明天你的支持。这就是"投桃报李"的道理。

清代开国状元傅以渐，在京城为秘书院大学士，家中因为宅基纠纷，修书一封，希望他能为家中撑腰。收到家人的来信，于是写了一封回信："千里修书只为墙，让他三尺又何妨？万里长城今犹在，不见当年秦始皇。"家人看后，自感惭愧，主动让出三尺，邻居知道后，也深感惭愧，让出三尺来，于是就形成了今天的六尺巷，又名"三尺巷"。

目光放得更长远，心胸就会更宽广。因此，跨部门协作的第二个理念就是要有远见。

跨部门协作中的常见沟通问题有哪些

跨部门合作不畅的另一个重要原因，是部门之间的沟通方式方法存在问题。

一周前，小王就给销售部张经理发过邮件，请他们协助填写销售情况反馈表，用于下周一总经理主持召开的季度经营分析会。销售部的材料迟迟没有提交过来，小王只好前往张经理办公室跟进催缴了。

小王：张经理，上周您答应今天给我反馈的材料怎么样了啊？

张经理：什么材料啊？

小王：我给您发过邮件的。您可能没有注意。

张经理：哦。我是看到了邮件了，不过没仔细看。我现在很忙！要不缓缓吧，下周给你们？

小王：张经理，这可不行啊。因为下周一开季度经营分析会，总经理要看的！您要是今天给不到我，我们整个部门周末可就要加班了。

张经理：加班怎么了啊？我们部门都连续几个星期没有休息了。

张经理手机震动。

张经理接手机：喂，陈总，您讲！好的，我马上过来。

张经理抱着笔记本电脑，起身离开座位。小王一脸无奈，只能回去把情况汇报给了自己部门的李经理。李经理决定自己亲自去找一下张经理跟进此事。

张经理会议结束已经回到了办公会，李经理敲门后走进来。

李经理：老张啊！听说你们最近很忙啊！

张经理：你坐会儿啊。我这就好。

张经理正在电脑上浏览某购物网站的网页，画面显示是一只旅行颈部枕头。看到李经理进来了，张经理立马关掉了网页。

张经理：怎么有空来我这坐坐啊？

李经理：不瞒你说，我有事情请你帮忙。最近经营分析报告的事情给我的压力很大啊。哎。

张经理：哦，对了。你们部门小王上午过来问我要什么材料来着。你看我这个月都在忙着出差，也没顾得上这事。

李经理：是啊，你们是压力大。你们营销部可是公司的核心啊，大家都等着你们给大家奖金呢！能力越大责任越大嘛。

张经理：那个材料具体什么要求啊？上次好像讲过，我有点记不清楚了。

李经理：这样啊。这个事情其实很简单。你们需要把上个季度的主要销售指标完成情况汇总到这个模板的表格里边。在本周通过邮件发给我们就好了。你们要是做得快的话，应该30分钟就能填写完。

张经理盯着电脑翻看邮件记录。

张经理：模板好像发给我了是吧？我来看看哈。这个表格好像有点复杂。我在准备和陈总出差的资料，没时间呀。能不能缓一缓？

李经理：这事其实不复杂。这样，要不你让你们部门其他人填一下也可以。你负责审核。你看呢？

张经理：好主意，我怎么把这茬儿给忘记了。

张经理叫来了部门员工：小夏，你来一下。

小夏：经理，什么事儿？李经理好！

张经理：现在有个急事。一会儿按照李经理给的表格，把我们上个季度的销售数据填一下，今天下午4点前发给我核一下。有任何问题问李经理。

小夏：好的。

李经理：这样，小夏，有问题你直接找我们部门王静。辛苦了！

小夏点了点头，转身离开了经理室。

张经理：哎呀，这个事被耽误了，怪我！下周我出差回来，请你吃饭赔罪。

李经理：你还是先帮我把活干好吧！干好了，我请你！五点前等你资料。

张经理：好的。不送！

小王沟通不成功的原因是什么，李经理沟通成功的原因又是什么？我们来分析一下。

首先，小王在沟通方面表现的不足有如下几点。

（1）小王和张经理的职位不对等。

（2）小王发了邮件后，没有在过程中有效跟进。

（3）小王和张经理的沟通方法比较直接，不懂迂回和奉承。

（4）小王只是站在自己的角度考虑问题，未能换位思考。

（5）小王没能针对对方没时间的情况提出替代方案。

（6）小王用强势威逼的方式进行沟通，引起了对方的反感。

（7）小王没能通过工作沟通和张经理部门建立良好的关系。

而李经理沟通的效果更好，具体的优点如下。

（1）李经理和张经理的职位对等。

（2）李经理约定了跟进结果的精确时间。

（3）李经理能够通过奉承等沟通技巧来取悦对方。

（4）李经理能够换位思考，替对方着想。

（5）李经理结合对方的情况提出了替代解决方案。

（6）李经理用委婉的方式进行沟通，使得对方比较愿意接受。

(7)李经理通过这一次的工作沟通,在一定程度上也和谐了部门之间的关系。

从以上的案例,我们会发现跨部门的沟通方式和沟通技巧都非常重要,难怪有时候我们说沟通是一门艺术。

促成跨部门协作的常见方法有哪些

我们不妨来看看几个常见的方法,分别是:**妥协折中法、狐假虎威法、职责分明法、长效机制法、情感账户法、提升影响法**。

方法一:妥协折中法

我们来看一个竞合模型(见图8-2)。纵轴为我的合作态度,横轴为对方的合作态度。

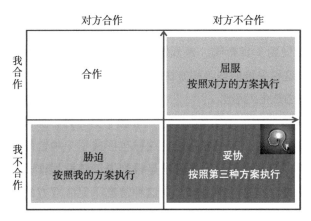

图 8-2 竞合模型

这样就会产生4种合作的情况,具体如下。

1. 我合作对方也合作,大家握手言和,一团和气,这叫作

"合作"。

2. 对方合作我不合作，对方听我的，按照我的方案执行，这叫作"胁迫"。

3. 对方不合作我合作，我听对方的，按照对方的方案执行，这叫作"屈服"。

4. 我不合作对方也不合作。如果双方互不相让，那就叫作"对抗"；如果不得不实现合作，该怎么办？那么双方只能各退一步，牺牲一部分利益，求同存异，按照第三种方案执行，这叫作"妥协"。

妥协，不是屈服。妥协，是一种有条件的合作，是一种智慧。

这种智慧主要体现在双方合作的诚意，更重要的是促成合作的创新性方案。这样的方案，有时候叫作折中路线。对于一个创新性的解决方案，双方虽然都损失了一部分利益，但是从整体上来说，彼此的主要核心利益还能得到保障。

国家与国家之间进行贸易的摩擦，互相增加关税，使得双方的出口都受到不良影响，是双输的结局。跨部门协作也是一样，如果没有这种妥协的理念和方法，不能想出创新性的第三种方案，这种合作必然化为泡影。

如果双方实力不均衡，一方明显强于另一方，那么力量大的一方可以胁迫弱小的一方屈服，这样也形成了一种合作。但是在跨部门博弈的过程中，很多时候是很难说清楚谁强谁弱的，因此妥协促成的合作是一种常态。在这种常态下促成双方的合作，就需要经理人用智慧去找到解决方案。比如，上面的案例中，李经理就是让小夏来替张经理填写表格的折中方法来促成合作的。

方法二：狐假虎威法

这一条方法简单粗暴，却往往行之有效。

东汉末年的曹操就是"挟天子以令诸侯"，他假借天子的名义向天下诸侯发号施令，大家不得不听他的。在跨部门协作中，有些人常常会把上级领导搬出来吓唬人，很多部门虽然心存埋怨，但是不得不乖乖服从。图 8-3 是一种组织架构，我们以它为例。

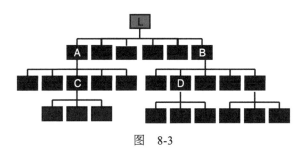

图 8-3

从图 8-3 大家就能看到 C 和 D 之间的问题不能直接解决，必须要靠 A 和 B 来协调解决。如果 A 和 B 之间不能协调，就必须要通过 L 来解决。那 L 是什么？L 就是"天子"，就是上级。

虽然打着上级的旗号来推动工作是更加高效了，但是这一招我们不能经常使用，因为用多了的话，效果就会大打折扣；而且这一招还会有很大的副作用，副作用就包括让同级更加讨厌我们；再者，如果以后不用上级的旗号来协调工作，我们就寸步难行了。

方法三：职责分明法

跨部门协作有时候无法实现的主要原因就是部门的职责不清，因此就需要尽可能地切分清楚各个部门的工作，避免灰色地带（见图 8-4）。

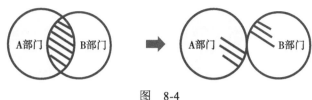

图 8-4

从图 8-4 可以看出，这两个圆形如果交错在一起，必然会有分不清楚和重合的地方；如果两者都彼此离开太远的话，那中间必然会出现空白的"三不管"地带。

我们能做的是什么？彼此相互之间能够贴得很紧，但是同时我们有很清楚的界定，哪些事情是你们部门管，哪些事情是我们部门管。这样就可以做到事事不重合、不遗漏。分工明确了，协作起来自然也能分清楚是分内分外，消除扯皮的情况。

另外值得注意的是，尽管企业会尽可能地进行职责的清晰划分，但是也很难做到绝对的清晰，总是会有一些事情不属于我们分内的工作，但我们也会被要求去配合。有些企业在业务最繁忙的时候，往往会要求"全民皆兵"或者"全员皆商"，职能部门的人员也要冲到业务线上去"增援"。这时候，职能部门的经理人如果协同态度消极则会更被动，如果态度积极反而会让业务部门心存感激。

有些企业为了避免部门之间因为职责界限不清而出现扯皮现象，出台"首问负责制"来约束和规避逃避责任的行为。

方法四：长效机制法

经常有业务往来和对接的部门之间，应该要建立长效的协作机制。在机制中要约定好，什么情况和条件下，兄弟部门可以帮忙解决，什么情况下不能解决；什么是原则性的问题，不能协商，什么不是原则性问题，可以在协商后有条件地协助解决。而且，这样的协作机制并非一成不变的，需要通过评估进行不断的调整改善。良好、完备的协作机制的建立，将会大大提升协作的效率。

尤其是部门之间流程性的问题，包括审批等事项，更加依赖于长效机制发挥作用。比如说，业务部门和财务部门的协作，低于多少金额的费用申请，业务部门可以走简易流程；业务部门和法务部门的协作，如果形成标准版合同，那么就不需要每一份合同都提交法务部门重新审批。

经理人应该懂得通过建立跨部门协作和沟通机制来提升协作效率，提高双方的工作效能。

方法五：情感账户法

每个经理人都应该和其他部门建立和维护好彼此之间的"情感账户"。

情感账户的理论说的是每两个人之间就会存在一个情感的账户。双方共有这个账户，每个人都会往里面存钱和取钱。情感账户的存款行为，就是指做对对方好的事情；相反，如果做了一件对不起对方的事情，就相当于是取款行为。

如果一方存钱太少，取钱太多，账户就会透支，失去平衡，两人之间的感情就会受到伤害，关系就会出现危机甚至破裂；如果双方都往情感账户里面投入了很多，那么情感账户里的存款就会越来越多，两人的感情就会越来越深，彼此之间的关系也越来越牢固，即使彼此之间遇到了小问题，也很容易解决。

经理人要思考与各个部门之间的情感账户，要确保账户的余额充足，尽量不要亏欠对方的"人情账"。这个不仅仅是经理之间的相处原理，也是上下级相处的一个很重要的道理，也是朋友、爱人和家人之间的一种相处之道。

方法六：提升影响法

除了以上各种促成部门之间协作的方法，还有一种方法，就是提升我们自己的个人影响力。

我曾经担任过某学校 MBA 联合会的主席职务，在刚开始上任的那段时间里，我曾一度非常苦恼。苦恼的是，我说话没有人听。那时候我才发现，联合会主席是没有任何实际权力的，联合会只是一个松散的俱乐部式的团体。成员们之间更多的是一种同学或者校友的关系，并不像在正式组织里的上下级关系。后来，为了改变这种尴尬的状况，我做了一些改变。我重新定位了自己的角色，我就是一个服务人员或者联络员，我没有权力，只有责任和奉献。我告诉自己要想办法让自己拥有非职位权力的影响力。虽然这一点很难，但是我通过自己带头多做工作，多为同学服务，多关心同学，多沟通解释，多做出一些重要工作成果，逐渐改善了情况。

这段经历让我开始注意到提升个人影响力的重要性。

非正式组织（社群）里个体之间的领导和被领导关系，和跨部门之间的一个经理人对其他经理人的领导关系十分相似。

经过总结提炼，我发现提升个人影响力的重要方法就在一些关键因素上下功夫。

首要因素就是信任。要提升个人影响力，就要先获得别人的信任。信任源于很多因素，包括：价值观、熟悉度、能力、语言行为的一致性、行为的一贯性等。通俗地讲就是，人们更加信任与自己三观一致的人，人们更加信任自己熟悉的人，人们更加信任有能力的人，人们更加信任言行一致的人，人们更加信任行为表现长期稳定的人。

另外，提升个人影响力的因素至少还包括：专业能力、工作履历、付出、魅力等。

如果我们的专业能力强，或者调动资源的能力比其他人更强，别人搞不定的事情，我们能搞定，那么其他部门会因为未来可能需要请我们帮忙，而乐意与我们协作。如果我们的工作履历很好，身上带有光环，有过一些丰功伟绩，那么其他部门会钦佩和尊敬我们，因而会愿意与我们协作。如果我们的付出更多，那么其他部门会因为敬佩和感恩而愿意和我们协作。如果我们的个人魅力大，比如形象气质好、积极阳光、道德高尚等，那么其他部门会因为可以和我们共事感到更有荣耀，而愿意和我们协作。

因此，经理人要不断提升自己的专业能力，做出更好的工作绩效，更多地付出，加强个人的修养，进而获得更多的信任，提升个人影响力，最终成为同级经理人中的"无冕之王"。

"以利相交，利尽则散；以势相交，势去则倾；以权相交，权失则弃；以情相交，情逝人伤；唯以心相交，淡泊明志，友不失矣。"这句话出自隋朝王通《文中子·礼乐》。这里讲到的交心，主要是指价值观的交流和相互认同，只有价值观相同的双方才会结成长久牢固的友谊。因此，通过坦诚的交流，传递自己积极的价值观，争取到更多同级部门的认同，是经理人提升跨部门协作能力及自身领导力的关键所在。

· 本章小结 ·

中层经理晋升高层受阻，主要原因之一就是做不好跨部门协作。

跨部门协作的能力就是个人非权力的影响力，也就是领导力的体现。

跨部门协作要求经理人首先要具备两个思维："双赢思维"和"远见思维"。

职位对等、及时跟进、换位思考、方案折中等，都是跨部门沟通成功的重要前提。

妥协，不是屈服。妥协，是一种有条件的合作，是一种智慧。

狐假虎威法，有利于高效地解决问题，但副作用很大，会伤害感情。

职责分明法，不留责任的空白和死角，责任分到部门，可以避免部门间扯皮。

长效机制法，将明晰规则和标准，补充机制的缺失，大大提高协作效率。

情感账户法，让部门之间的协作更有"温度"，组织氛围更和谐。

提升影响法，需要经理人在专业能力、工作绩效、付出、修养等方面全面提升。

管理自我篇

（下）

第九项修炼

自我修炼

真正的高贵,是优于过去的自己。

- 经理人就是领导者吗
- 修炼领导力的方式有哪些
- 领导者的关键特质有哪些
- 领导力修炼有哪些阶段

经理人就是领导者吗

经理人就是领导者吗？两者之间是什么关系呢？

知名领导力学者刘澜老师有一个非常好的比喻，他说职位的权力就像是婚姻，领导力就像是爱情，如果经理人没有领导力，那就像婚姻里没有爱情。

经理人，往往依靠职位权力来进行管理，而领导者却依靠非职位影响力来进行领导。一个组织可以给一个人授予经理人的职位，但是无法给予这个经理人领导力。领导力的获得，往往是需要经理人通过自身修炼来获得的。

如果说"领导职位"像"婚姻"，"领导力"像"爱情"，那么这两者是密不可分的，否则就会很麻烦。没有爱情的婚姻是不幸福的，没有婚姻的爱情是遗憾的。总之，爱情的方向应该指向婚姻，婚姻的内涵也需要爱情。

一年，澳大利亚山火严重，很多民众流离失所，消防员奋力扑火，但是时任总理却在夏威夷度假，尽管提前结束度假回国，但是仍然被民众唾骂和不齿。

某集团公司创始人兼总裁因为在海外涉嫌违法被当地警察局拘捕，后来虽免于起诉但也就此退出了公众视线。

在抗击新型冠状病毒时期，某市卫生健康委负责人，被记者问及防疫资源情况时，"一问三不知"，后因防疫不力被撤职。

现实中，有很多政商界处在管理岗位的领导人物，"人设崩塌"导致领导力被严重打折。由此可见，并不是拥有了职位就一定拥有领导力，只有拥有领导力的经理人才可以被称之为"好经理"，拥有领导力是成为好经理的必要条件。

领导力的定义

什么是领导力呢？

首先，我们要区分清"领导"和"领导力"这两个词，很多人会混为一谈。"领导"是动词，"领导力"是名词。"领导力"，是"领导能力"的简称。

其次，我们要区分清"领导力"和"管理能力"的关系。"领导"的对象是人，"管理"的对象不仅仅是人，还包括其他。"管理"的范畴要大于"领导"，"管理能力"的范畴也大于"领导力"的范畴。因此，"领导力"隶属"管理能力"的范畴。

再次，管理人无非是让人们的思想、语言和行为符合标准和要求。

但是人的思想和情感活动是内在的，一个人在想什么往往无法直接被看出来，要想管理它更加无从下手；另外，思想和情感不通过语言、文字、行为等的输出，是无法对他人产生影响的，当然也无法造成客观事物改变的结果，因此妄图直接管理人的思想和情感往往是徒劳的。而人的语言和行为则是外显的，是可以被观察的，也可以对他人产生直接影响，最终造成事物发生改变。因此，管理人的语言和行为，是有必要且可行的。人们做出对于管理服从的语言和行为，是因为人们有求于管理者。换句话说，人们之所以服从管理，是因为人有需求。因此，要想对人们实施有效的管理，就必须对人们的需求进行判别、引导、激发和满足。只有做到这一系列的需求管理行为，人们的语言和行为才可能符合管理的标准和要求。

最后，人们的语言和行为服从于管理的标准和要求，并不代表人们思想和情感上的认同，人们可以做到"口是心非""表里不一"和"阳奉阴违"。

如果一个人不是心甘情愿地认同管理的标准和要求来说话和做事，必然会带来其内心的极大委屈。这种委屈造成的负能量也会与日俱增，使人们想要寻找"逃走"的机会；如果不能"逃走"，那么人们就会在思想和情感上变得"麻木不仁"，在行为上变得"消极被动"。在这样的状态下，人们将无法充分发挥自己的积极性，无法激发自身的潜能，无法提升责任心，更谈不上创新和协同等更高层次的要求了。

因此，用胁迫和利诱等方式管理和约束人们的语言和行为，并不能解决人们思想和情感上的问题，这样的管理行为不能称为领导行为。用胁迫和利诱等管理方式，实质上是在对人的低级需求进行管理。人们因为害怕失去职位，害怕薪资等物质利益受损，而不得不屈从就范。在被胁迫的过程中，人们没有感受到被爱、被尊重、有成长和自我价值的实现等。

根据马斯洛需求层次的理论、奥尔德弗的 ERG 理论等经典的激励理论，我们不难发现人的需求是可以分类的，简单地就可以分为高层次需求和低层次需求（见图 9-1）。生理需求、安全需求，都属于生存需求，是人性中比较基本和低级的需求。社交需求、尊重需求和自我价值实现，都属于相互关系需求和成长需求，也是人性中比较高级的需求。

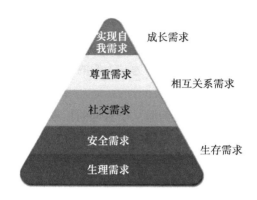

图 9-1 需求的分类

领导行为应该要做到让人的思想、情感、语言和行为都能保持一致，实现"表里如一"的坦诚和自由状态。领导行为的重要特点，就是被领导者行为的自愿性。被领导者不是因为被胁迫而服从，而是因为社交需求、尊重需求和自我价值实现需求被满足，而自愿地、主动地服从。

综上所述，如果我们要给"领导力"一个准确定义的话，那么我认为是这样的。

领导力是一种能力。

领导力是一种管理能力。

领导力是一种管理人的能力。

领导力是一种管理人的需求的能力。

领导力是一种管理人的高级需求的能力。

因此，领导行为是引领人们实现更高层次需求的过程。高层次需求就包括，关爱自我、尊重自我、发展自我和成就自我等。领导力就是引领人们不断关爱自我、尊重自我、发展自我和实现自我的能力。

从"996"看企业的领导力

打个比方,不同企业对于"996无偿加班"管理方法的不一样,也会导致员工的反应不一样。这两家企业都为加班员工提供免费的加班晚餐、夜宵、班车和打车补贴等福利保障,但是两家企业的员工的状态则完全不同。

A企业

A企业强制要求员工加班,每个月从考勤系统里导出员工下班打卡时间的数据进行分析,对于不加班或者加班时间短的员工要进行约谈、警告,屡教不改的停止调薪和升职等,造成恶劣影响的要予以劝退。在这种情况下,员工不得不加班,即使白天可以干完的工作也拖一拖争取放到晚上加班的时候做,还有的员工就在加班时间"磨洋工",还有的打游戏、看小说、看视频、外出"划水"等。

为了杜绝这些"虚耗加班"的情况,企业又想出了一些其他方法进行防控,安装了很多摄像头进行员工行为的监控,采集进出办公场所的电子闸机的数据进行分析,还采取了各个楼层场所的人工现场巡查监督等方式。员工们大多是"身在曹营心在汉",出工不出活。他们感受到不被信任、没有尊严,好像自己置身在集中营中,每天都在等着短暂而珍贵的"放风"时间。

老板还会在集团大会上当众调侃某一位高管,说他如果没有企业的背书什么都不是。好像是说员工的所得,都是企业和老板所赐,而员工要对这种"赏赐"感恩戴德、顶礼膜拜。员工自己的付出、努力和价值贡献,被全盘否定了。如此这样,员工的工作积极性受到了极大的打击,责任担当的意识也逐渐丧失。

很多人只是因为没有更好的外部机会,而选择继续留在这家公司。他们在工作中,"不求有功,但求无过"地混日子,哪里还有什么全力以赴的工作激情。因为说到底,员工们认为不是在为自己工作,而是在为企业和老板工作。这家企业虽然可以给员工生存、稳定,但却忽略了对员工的关爱、尊重和自我价值实现的更高级需求。

B 企业

B 企业对员工加班不做强制要求,只告诉员工一句话"要让明天的你感激今天努力的自己"。

他们把"视人为人"的理念写进了自己的企业文化。他们去掉各种职位名称,换之以外号和别名,这种称呼别名的方式淡化了层级间的不平等,拉近了人与人之间的距离。

这家企业的员工经常开会到深夜,但是也没有员工抱怨什么。因为如果哪位员工不认同企业的文化,那么他可以自己体面地选择离开,而不需要装模作样伪装自己,不需违心地带着抱怨在负能量状态下工作。

在这家企业中,员工们感受到被尊重、有成长,并且当员工发现工作成果的取得是和自己所做的贡献有密切关系时,他们会感到无比自豪。

两家企业的综合表现也日渐不同:一家是客户热捧它,供应商追随它,投资者看好它;另一家是客户远离它,供应商轻视它,投资者埋怨它。

两种不同的企业管理方式体现了不同的企业文化,不同企业文化也折射出两家企业领导力的差异。一家是侧重于对人的低层次需求的管理,另一家则是对人的高层次需求的管理。也就是说,A 企业缺乏领导力,而 B 企业具有领导力。

领导力的 5 个层次

西方很多学者都对领导力的影响因素做了分析和研究，但很少从被领导者的角度考虑问题。有一次偶然的机会，我和一位美国来华的访问学者马克博士交流，我提出关于领导力的"5G 领导力"构想时，他向我推荐了约翰·麦克斯韦尔（John C. Maxwell）。

约翰是美国一位领导力方面的学者，他在其著作《领导力的 5 个层次》一书中，一方面列出了不同层级的领导应该具备的领导素质，另一方面他分析说明了各项领导素质背后被领导者服从的原因。他的模型对于我重新定义领导力，提出"领导力是一种对人的高级需求管理的能力"这一定义，产生了很大的启发作用。

约翰·麦克斯韦尔提出，一个经理人的领导力的水平可以分为 5 个层次（见图 9-2）。

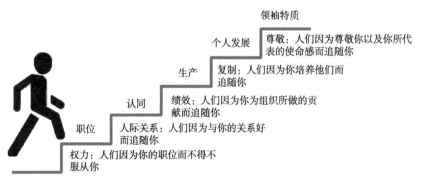

图 9-2　领导力的 5 个层次

第一个层次，叫作职位。

下属为什么听我们的呢？因为我们具有特定权力，下属如果不服从，将会面临加薪无望和发展停滞的危险。下属因为担心失去生存的基本保障，而不得不服从我们的管理。

第二个层次，叫作认同。

下属熟悉我们，了解我们，跟我们有感情，属于这个群体。在这个群里，下属可以爱人和被爱，受到认可和尊重。一旦离开了这群里，下属就会感到被抛弃后的孤独和不被认可的失落。因此，下属会因为人际关系的需求，而愿意追随我们。

第三个层次，叫作生产。

因为我们创造了更大的价值，我们有工作的产出，我们有好的绩效，所以下属敬佩我们。过去好的工作绩效，也正是我们能力的一种体现。因为跟着我们会有获得成功的可能性，下属担心失败，想获得成功，所以愿意听我们的。

第四个层次，叫作个人发展。

因为下属跟着我们，就会受到我们的指导，他们可以获得个人成长和进步需求的满足。下属担心自己没有成长和进步，所以愿意听我们的。

第五个层次，叫作领袖特质。

我们就是一种象征，代表了一种特殊的意义。我们或许代表了：智慧、美丽、善良、健康、成功、进取等象征意义。政治、经济、教育、文体、军事等各界的"明星"往往就是这种"领袖"层次。只有追随我们，下属才能实现自己的人生价值。

经过分析不难发现，领导力的 5 个层次理论与 ERG 理论有一些有趣的相关性（见表 9-1）。

根据约翰的观点，正因为我们的领导力层次是由下属的需求所决定的，因此对于不同的下属，同一个领导者的领导力层次也会有所不同。

表 9-1　领导力的 5 个层次理论与 ERG 理论的相关性

层次	服从原因（权力来源）	满足了下属什么需求（ERG 理论）
1	职位	生理和稳定的需求，属于生存需求
2	认同	情感和尊重的需求，属于相互关系需求
3	生产	认可和成就的需求，属于相互关系需求
4	个人发展	成长和发展的需求，属于成长需求
5	领袖特质	自我价值实现的需求，属于成长需求

例如，有一个新的下属，他对我们不熟悉。他之所以听从我们的安排，是因为他不得不听，这是职位权力在起作用。他对我们缺乏了解和感情，不知道我们的能力和成就，没有受到过我们的培养，也不知道我们的价值主张和我们头上的光环——我们所代表的象征意义。

同时，另外一名下属跟随我们多年，他自己现在也已经成长为一名骨干员工了，他因为需要我们继续培养他，且对我们有感恩之心，因此听命于我们。那我们对他的领导层次就达到了第四个层级。

我同意约翰"领导力层次高低和下属的情况有关"这一观点，同时我认为领导力层次的高低其实和领导者、下属都相关。

我认为领导的过程就是激励的过程，就是管理他人需求的过程。一个人领导力层次的高低，也主要取决于其对下属需求管理层次的高低。对人们低层次需求的管理行为，不应该叫作领导行为，只有对人们较高层次需求的管理行为才可以称为领导行为。领导力，是一种管理人的高级需求的能力。

领导力的三个"道行"

领导力，是一种管理人的高级需求的能力。沿着这一条定义继续前行,我们就不难得出领导力层次的差异。我们也可以把领导力划分为若干个层次。

我想把它简要地划分为高、中、低共三个层次,其中高、中层次的领导力为真正意义上的"领导力",低层次的领导力为一般意义上的"管人能力"。

结合 ERG 理论和中国古代诸子百家的思想,我们不妨将这三个层次由高到低分别叫作"圣道""仁道"和"霸道",即三个"道行"。

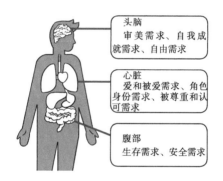

圣道

"圣道"的前提假设是,人是有梦想的。"圣道"博爱,认为人性本善。

"圣道",指的是以德服人,成就人的价值,通过授权和教育等方式来提升人们的能力,帮助人们实现自身的价值。

人们因为相信而追随。

经理人,需要通过管理自己来成就一切,修己达人。

仁道

"仁道"的前提假设是,人是有感情的。"仁道"爱人,认为人性本善。

"仁道",指的是以情动人,凝聚人的感情,通过关爱人们,支持人们,帮助人们建功立业,进而帮助组织获得成功。

人们因为感激,而追随。

经理人,需要通过管理人来成就事情,用人成事。

霸道

"霸道"的前提假设是,人是有贪欲的。"霸道"不爱人,认为人性本恶。

"霸道",指的是以权制人,抑制人的私欲,通过制度、规范、标准等要求人们为组织做出贡献,以帮助组织获得成功。

人们因为恐惧,而追随。

经理人,需要通过管理事情来成就人,以事成人。

"三道"来源

公元前361年,秦孝公即位后发布《求贤令》,商鞅奔赴秦国。通过三次见面,商鞅分别推出"帝道""王道""霸道"的治国策略,终于说服了秦孝公依照"霸道"实施变法,最终商鞅帮助秦孝公实现了变法图强的心愿。

第一次见秦孝公,商鞅试探性地从三皇五帝讲起,还没说完,秦孝公已经打起了瞌睡。事后,秦孝公怒斥引荐商鞅的宠臣景监:"你推荐的什么朋友,就知道夸夸其谈。"商鞅反而高兴了:"原来秦公的志向不在帝道。"

第二次见秦孝公,商鞅从王道仁义讲起,秦孝公的兴致比前一次高一点了,但还是觉得不着边际,哈欠连天。商鞅更高兴了:"秦公志不在王道。"

第三次见秦孝公,商鞅用"霸道"来试探秦孝公,秦孝公很感兴趣,激动地握住商鞅的手:"请先生教我!"后来,商鞅献上《强秦十策》,并将变法的细节进行了阐述,两人谈得很投机,一连谈了好几天。会谈结束后,秦孝公决定启用商鞅,在秦国实施变法。

商鞅到底是怎样打动秦孝公的呢?

帝道和王道采用的是孔子推行的仁道,重视道德教化,可以达到三皇五帝、殷、周那样的成就,是为正道。但是,它的实现,需要很长久的时间。而霸道,非古代先贤留下的正道,它是可以速效成功的"强国之术",崇尚功利主义,暴力威化,为达目的可以不择手段。

当时的秦国积贫积弱,秦孝公心急如焚,哪有那么多时间实行帝道和王道,所以霸道之术正合他意。

本书提出的领导力的三种"道行",简称"三道",正是参考了商鞅的"帝道""王道"和"霸道"的说法。

《管子》一书里不仅仅提到了"帝、王、霸",还有一个更高的叫作"皇"。对于"皇、帝、王、霸"的解释,该书里面有这样的记载:"明一者皇,察道者帝,通德者王,谋得兵胜者霸。"后人根据全书的思想,把这句话解释为:"将混浊一体,气质未分的世界加以判别,使之明道的是皇;体察天道,循道而无为的是帝;使道达到成功,为而无以为的是王;当今之世,虽于道未备,于德未至,却所谋必得,用兵必胜,为而不贵的便是霸。"也有人将其翻译为:"通晓万物本质的,可成皇业;明察治世之道的,可成帝业;懂得实行德政的,可成王业;深谋远虑取得战争胜利的,可成霸业。"

以上"四道"的论述,我们只需作为参考资料简略知道即可。《管子》一书,学界研究认为并非管子本人所著,而是后人伪造的,不过成书时间也在春秋战国及秦汉时期。

修炼领导力的方式有哪些

领导力是一个很古老的话题,应该说自从有了人类,就有了领导行为,就需要领导力。不论社会性质如何变化,只要存在群体活动,就需要领导力。在社会生活中,每个人都扮演了一些角色,某些角色就是领导者的角色,比如社团中的项目牵头人、家庭中的家长等。

另外,领导力并不是天生的,领导力可以通过学习获得。而领导力的学习,往往伴随着一个人自我成长和自我完善的过程,因此我们又常常把领导力学习称为领导力修炼。

如何学习领导力呢?根据新冰山模型的说明,领导力的学习过程主要就是改变态度、技能和知识的过程。关于 PBASK 新冰山模型,前文已经做过相关论述了,这里就不再论述。

因此,领导力的学习也是知识、技能和态度的综合学习。而且这种学习需要"知道",需要"行动",更需要"知行合一"。

领导力修炼的方法,也称为领导力修炼之道。"道"是"首"和"走"这两个字的组合,"首"代表思想,"走"代表行动。因此,领导力修炼之道,就是领导力修炼的"思想"和"行动"的统一。

经过很多年的探索,我们发现有几种常见的学习方式,非常适用于领导力的修炼。它们分别是:**读万卷书、行万里路、阅人无数、明师指路、自己感悟和刻意输出。**

读万卷书，是指向书本学习。

"书本，是人类进步的阶梯。"书本，让我们可以踩在巨人的肩膀上攀登。书本中多是前人的实践和认识的总结，向书本学习可以免去不必要的大量实践，节省学习者的时间和精力。向书本学习，基本上不受时间空间的限制，可以随时随地学习。

古今中外的各界领导人物，不论是政治家、军事家还是企业家，都可以成为我们学习的对象。我们通过"星星之火可以燎原"来学习乐观的自信和乐观的精神，我们通过"我有一个梦想"来学习愿景激励的方法，我们通过"以人为镜可以明得失"来学习领导者的胸怀。

还有一大批学者，提供了关于管理和领导力的理念和方法，比如梅奥、法约尔、马斯洛、麦格雷戈、德鲁克、本尼斯、韦尔奇，也包括我国古代的诸子百家和近现代的学者。

行万里路，是指在实践中学习。

在实践中学习可以让我们获得第一手知识，当我们遇到挫折时，我们可以反思改正；当我们成功时，我们可以总结发扬。在实践中学习，是全身心的体验式学习，学习的印象极其深刻，对人的行为的影响也极其深远。

可能没有哪本书告诉我们，冬天需要关心骑车给客户送货的员工，但是出于基本的观察和员工例会的反馈，我们知道要帮助员工采购和配发防寒手套和防寒服。当一个接一个的下属"突然"提出离职申请时，我们通过交流和反思会意识到自己在平时对他们的支持和关心太少。这就是在实践中学习提升。在实践中我们"吃一堑，长一智"，学会了举一而反三。

阅人无数，是指向他人学习。

他人的言行举止和成败得失，都可以成为我们的参考内容。

在向他人学习的过程中，我们需要综合分析他人的个人情况和环境等因素，不仅要"知其然"，还要"知其所以然"，不能鹦鹉学舌或是邯郸学步。可以向工作和日常生活中接触的不同的人学习，抱有"三人行必有我师"的虚心态度，通过观察和交流等方式来学习。

很多经理人的管理技能，都是通过曾经的上级经理人的言传身教学到的。我们多多少少在管理中都沿用了他们的理念和做法。

明师指路，是指向导师学习。

这里说的"明师"是高明、英明、智慧的老师。他们不一定是真的老师或者教授，他们可以是工作中的同事或者合作伙伴，也可以是生活中的家人或朋友。即便我们掌握了大量的领导力理论知识、实践经验和行动案例，我们在面临具体的现实问题时，仍然可能会因为一时找不到解决方法而手足无措。这个时候，如果有人跟我们进行对话交流，或许能够帮助我们厘清思路，找到解决方法。

就像研究生都需要导师指导一样，经理人在学习成长的过程中也需要与一些博学多才、德艺双馨的导师和朋友不时在一起交流切磋。"独学而无友，孤陋而寡闻"，就是这个道理。很多企业在领导力培养项目中，都会给学员安排他的上级作为他的"导师"或"教练"。

自己感悟，是指向自己学习。

人们可以把牛牵到河边，也可以把牛的头按到水中，但是喝不喝水却是牛自己说了算。这既是领导力本身的一个道理，也是领导力学习的一个道理。

我最喜欢的一句英文谚语就是"Where there is a will, there is a way"，也就是"有志者事竟成"或者"念念不忘，必有回响"

的意思。心想事才能成。孔子也说"学而不思则罔"。如果我们不主动思考领导力方面的问题,那么我们也不会在这方面有所进步。思考和感悟始终是最重要的学习方式,不可或缺。

刻意输出,是最重要的辅助学习方式。

成年人的学习往往功利性很强,"学以致用",人们因为需要用才会去学习。为了更好地督促我们自己学习和进步,我们必须懂得要"用以致学"。通过让经理人去"说、写、做、教",反过来促进他们更好地学习。

根据一个人知识输入和输出的多少,我们可以把人分成四大类,分别是:良师、庸人、库管、白丁(见表9-2)。

良师,是指有良知的老师,自己教别人多,实践应用多,自己学得也多。

庸人,是指没有真才实学的人,自己不学无术,却出来误人子弟,不顾礼义廉耻。

库管,是指知识仓库的管理员,拥有很多知识,但是只是储存着不去运用,最后全烂在自己的肚子里。

白丁,是指目不识丁的人,不学无术,野蛮木讷,经常处在盲从无主的状态。

表9-2 人的四大类

		输入	
		输入多	输入少
输出	输出多	良师	庸人
	输出少	库管	白丁

输出可以帮助一个库管成为良师。输出的过程是知识的激活、消化、提取、整理等过程的延续,如果没有输出的行为,这些储备知识只会躺在大脑记忆的深处休眠。"流水不腐,户枢不蠹",

人的大脑也是越用越活。输出，对储备的知识会产生一种"虹吸效应"。古人常常感叹，"书到用时方恨少"。大学生们也常常感叹，考试和写论文的时候才是自己学习提升最大的时候。

我们可以在领导力培养的项目中或者学习的课堂上练习所学，也可以在工作的实践中有意识地应用所学，还可以在带教下属成为经理人的过程中强化所学。

领导力修炼是一个漫长的过程，需要经理人在实践的过程中参考"体验式学习圈"理论，通过"体验—反思—总结—应用"的往复循环，来强化自身的领导力。

领导者的关键特质有哪些

领导力可以帮助我们成为更好的经理人，那么领导者到底应该具备什么样的能力和素质呢？领导者的关键特质又有哪些呢？

美国学者詹姆斯·库泽斯和巴里·波斯纳在著作《领导力》中，公布了他们几十年研究的结果，说明了人们愿意追随的领导者应该具备的关键特质。其中排名靠前的 6 个特质，分别是：**诚信、有胜任力、能激励人、有前瞻性、聪明、心胸宽广**。

而根据我们针对中国不同行业的近 200 名经理人的调研结果显示，领导力特质中：**有格局、言行一致、有担当、有远见、有主见、有能力**，位列前 6 名。我们将这一结果与美国专家的结论进行了对比，发现大部分是相同的（见表 9-3）。

有格局，就是指有高度和胸怀，与有前瞻性和心胸宽广的意思基本一致。言行一致，就是说到做到，和诚信的意思相同。有远见，和有前瞻性的含义相同。有能力，和有胜任力的意思一致。有主见，就是不傻，有自己的判断能力，和聪明的意思大致相同。

表 9-3 中美领导力影响因素调研对比表

序号	领导力影响因素（美国）	领导力影响因素（中国）
1	诚信	有格局
2	有胜任力	言行一致
3	能激励人（中方没有）	有担当（美方没有）
4	有前瞻性	有远见
5	聪明	有主见
6	心胸宽广	有能力

只有有担当和能激励人这两点不相同，虽然"身先足以率人"，能够起到一定激励人的作用，但是激励人还有其他的影响因素，比如关心人、支持人、指导人、培养人和成就人等，是有担当所不包含的。

我们将以上领导者特质整合之后，发现受人尊敬的领导者应该首先具备 7 个方面的特质，具体如下。

1. 有责任担当。
2. 有战略眼光（有格局、有前瞻性、有远见）。
3. 诚信（言行一致）。
4. 有能力。
5. 睿智（有主见），不要糊涂，能明辨是非。
6. 有激情。
7. 有胸怀（有格局），不小肚鸡肠。

下面，我们将针对这 7 种特质进行逐一的分析和说明。

有责任担当

我们先来谈谈有责任担当，因为它是其他特质的前提。如果没有责任担当，就根本不会有其他特质发挥作用的机会了。责任，也是每个人的立身之本。责任不代表就是苦涩的，也可能是甘甜的，体现责任担当的过程可能伴随着苦行僧般的磨难，但之后到达成功彼岸取得真经的那一刻将是无比幸福的。

2020年的新型冠状病毒肺炎疫情给中国人留下了刻骨铭心的印象。期间，武汉顺丰小哥汪勇直升3级，从一个快递员被火线提拔为分公司经理。在一家龙头公司里坐"火箭"，汪勇是少数中的少数。

除了顺丰，国家邮政局和《人民日报》对他也是夸赞有加。2月26日，邮政局发出嘉奖通知：授予汪勇"最美快递员"特别奖，号召全行业向他学习。这对一个基层快递员来说，这无疑是职业的高光时刻。《人民日报》将汪勇比喻成了"生命摆渡人"。

成为志愿者

2020年1月24日，大年三十除夕夜，武汉金银潭医院，医护人员忙到连上厕所的时间都没有。晚上十一点，忙碌了一天的顺丰小哥汪勇，也终于能够闲下来刷一刷手机了。过年了，顺丰小哥、兼职网约车司机的汪勇，终于放假了。

汪勇无意间看到一条"求助信息"，是金银潭医院的医生发出来的：有没有顺风车能送我们回家？没有人敢回应，也没有人敢接这个单。汪勇迟疑了。

"家里人已经知道我放假了，我该怎么说，怎么出去？"思索再三，汪勇决定接下这个单子，他跟家人撒了谎，出了门便直奔医院去送医护人员回家。当天，汪勇送了30个人，开了一天的车，双腿都发抖。

第二天，汪勇心里也犯嘀咕，想退缩了，"害怕被感染，不敢去了""毕竟每个人身后都有一个家庭，我怕连累父母妻儿"。但是转念一想，不能让医生护士天天这么走回去啊。汪勇了解到，有的医生家里住得远，晚上下班后要走好几个小时才能回到家，他们睡在科室里，床就是一张靠椅，"我不能让他们累倒在回家的路上。"

"我想着再坚持10天，哪怕是我感染了，或者说我挂了，那我也是一个人扛着，没关系，但是后来，驰援武汉的医生越来越多，我一个人根本忙不过来了。"自从当起了金银潭医院的"专职司机"后，汪勇一直睡在公司仓库，没有回家住，怕感染家里人。

自此，顺丰小哥汪勇，变成了志愿者汪勇。

扩张车队

需要接送的医护人员越来越多，汪勇感觉到这不是自己一个人能够完成的事。于是，志愿者汪勇，又变成了"领导者"汪勇，他开始组织协调，建立起了一支志愿者队伍，车队人数，迅速扩展到30人。

汪勇制定了严格的规定，前来当志愿者的，必须是一个人住，做最坏的打算，哪怕是这个志愿者被感染了，也不能让他拖累家人。并且，在汪勇的严格防护措施下，车子每天都要喷消毒液，送完一个医生，就要喷一遍消毒液，既要保证医护人员的安全，也要保证志愿者车队人员的安全。幸运而又神奇的是，汪勇所领导的"团队"无一人感染。

可是，支援武汉的医疗队伍越来越多，汪勇的志愿者团队也无法满足这些医护人员的出行需求了，怎么办？这个时候，汪勇的"才能"再一次体现出来了：汪勇决定继续扩张车队。他去跟摩拜单车、滴滴公司、其他网约车公司的负责人联系沟通。汪勇先是在群里号召，只要谁能够辗转联系到这些平台的某一个负责人，就把该负责人的电话号码给他。

"我一定要办成这一件事。"多方组织协调以后，汪勇把这件事真的给办成了。近千辆共享单车投放在金银潭医院门口，满足回家路途短的医护人员需求；再弄来400辆电动车，又解决了一部分需求；然后又联系上一家网约车公司，解决了一部分需求。每一家企业，都是汪勇去对接协商。吃过不少闭门羹，最终也感动了不少人。

人与人之间的共情能力最有效的传递方式，是善良、坦诚。医护人员拼死拼活在前线救人，志愿者不辞辛苦在后方支援，这些壮举、善行，最终感动了更多的人。善良是一颗种子，它会激发更多的善良。

长时间不回家，纸终究是包不住火的，最终，汪勇还是"露馅"了，没办法，他只能跟家人如实陈述："我在当志愿者，我很好，你们别担心。"妻子哭了，父母沉默了。"担心之余，他们对我更多的还是鼓励，只是提醒我一定要注意安全。"

解决吃饭问题

解决了金银潭医院医护人员的出行需求之后，汪勇又发现了一个问题：医护人员没有饭吃。外来驰援武汉的医护人员住在酒店里，但是酒店不提供餐食，因此，这部分医护人员就没饭吃。发现了这个问题之后，汪勇想办法募集了2万元，给这些医护人员买来了方便面、饼干、矿泉水。吃了一周泡面后，有个护士小妹妹发了一条朋友圈："我好想吃大米饭啊。"

这条朋友圈刺痛了汪勇。"人家大老远那么辛苦地跑到这里来救人，却连一顿大米饭都吃不上，我心里很愧疚。"汪勇决定，无论怎样，也要让他们吃上一顿大米饭。网上发出信息之后，汪勇联系上了一家饭店，对方愿意以一份套餐16元的成本价卖给汪勇。30份，总计480元，汪勇自己掏钱买下来，送到了医院。

记者：为什么不收钱呢？

汪勇：人家是来救你命的，你还问人家要钱，我说不出口。

但是汪勇也意识到了，自己这样垫钱去买，只能解决一顿，长远来看，这肯定行不通。于是，汪勇决定继续找"资源"。苦心人天不负，最终，汪勇找到了两家饭店，对方表示愿意每天给金银潭医院的医护人员提供100多份的免费盒饭。

过了几天，汪勇又发现了一个问题：这两家饭店，每天还要为其他医院提供2000多份的盒饭。这两家饭店承受的供给量已经达到了极限。不想再给对方添麻烦，汪勇只得另谋出路。"如果是我自己找了个酒店厨房，自己再想办法弄到免费食材呢？"一家烤肉店的老板，最终站了出来，表示愿意提供场所。2月5日，"汪勇志愿者餐厅"盘活了，每天生产盒饭700份，不仅解决了医护人员的吃饭问题，还有其他专职司机、志愿者的吃饭需求也给解决了。

汪勇成了其他志愿者膜拜的偶像。"我们就想跟在他后面，多做一点有意义的事情。"然而好景不长，武汉封城之后，疫情防控越来越严格，最终，这家餐厅被迫关停。问题一直都有，解决了一个问题，又会有新的问题出现。除了一路向前，汪勇别无选择。汪勇随后又找到了一家便利店，对方愿意提供免费餐食。

十几天后，便利店的仓库在疫情管控下也关门了。而实际上，这个时候汪勇的盒饭供给量已经是个庞大的数字了，每天要提供盒饭15 000多份。便利店的关停消息，犹如当头一棒。

慌乱片刻，汪勇冷静了下来，制订出了两套方案，AB计划同时施行：B计划，先弄来泡面，解决眼下的吃饭问题，再同步进行A计划，协调相关部门，让便利店恢复生产。

最终，汪勇联系上了武湖街道的办事处，对方了解情况以后，上报说明，上头领导最终批复："好，明天可以恢复生产，但是手续要办齐。"就这样，便利店"死而复生"，第二天，15 000 多份盒饭又供应上了。

解决其他生活需求

出行问题、吃饭问题解决后，汪勇开始着手解决医护人员的其他生活需求：换眼镜片，修手机屏幕，买拖鞋、指甲刀、充电器、秋衣秋裤、生日蛋糕等。汪勇所领导的志愿者团队，成了武汉金银潭医院的"后勤服务保障中心"。

记者：汪勇，你为什么能够一呼百应呢？

汪勇：可能是大家信任我吧？

记者：你觉得在这种情况下，人跟人之间的信任是怎么建立起来的呢？

汪勇：生死之交，大家都是想出一份力，目标是一致的，保护医生，给武汉加油。

2020 年 2 月 19 日，顺丰企业复工，汪勇接到了领导电话："明天来上班，你被升职为部门经理，管理 4 个营业网点。"顺丰小哥汪勇，"升级"为部门经理汪勇。在那个沉闷而又漫长的冬天里，这是我听到的最好的一个消息。

如果没有央视新闻的报道，如果没有对汪勇这一场面对面的访谈，可能很多人都不敢相信：奋战在一线的金银潭医护人员，他们交通出行的问题、吃饭的问题、生活需求的问题，竟然都是如此的一片"空白"。

想起来那个在朋友圈里讨要卫生巾的女护士，突然就泪目了。是他，撑起了武汉最后的体面。

"疫情过后如果我们都安好的话，我希望能多陪陪家人"，汪勇说道。

通过一个普通人在抗击疫情过程中的英雄表现，我们不难看出，正是他的勇敢担当帮助他开启了自己的领导力之旅。作为经理人，我们天生拥有管理的职位，就更应该履行好自己的责任。没有责任担当的经理人是一定没有领导力可言的。

一般来说，没有责任担当的经理人的常见表现如下。

- 看到职责范围以外的问题隐患，事不关己，高高挂起。
- 工作中不求进取，得过且过，总想着蒙混过关。
- 对于职责分工不清的事情，能躲则躲，多一事不如少一事，认为主动请缨的人很傻。
- 接到上级任务后，全部分派到下边去，自己落得轻松自在。
- 遇到困难和问题，就选择放弃和退缩，或者把问题踢给上级。
- 不给下属任何的指导和支持。
- 工作任务失败后，认为全是下属的过错，跟自己没有关系，让下属"背锅"。
- 认为业务或者团队出现问题的原因，都是外部客观原因，跟自己没有丝毫关系。

有责任担当的经理人的常见表现如下。

- 在接到任务时，和下属形成良好的协作关系。
- 遇到问题不退缩，主动积极地面对问题，设法解决问题。
- 在任务进行过程中，积极指导和支持下属。
- 在任务遭遇挫折或者失败时，客观地分析原因，并主动承担属于自己的责任和作为团队管理者的连带责任。
- 对本职工作以外的工作，也积极给予帮助或者帮忙分担。

经理人应该具有"当仁不让，舍我其谁"的担当精神。能力越大，责任就越大。积极进取的经理人的工作应该越干越多，管理的业务范围应该越来越大，管理的团队规模也应该越来越大。

责任、权力和利益，这三者往往是相互对等的，但是它们的对等关系是一个动态的平衡。其中，**责任是首当其冲的，是权力和利益的前提**。经理人不应该太过于计较功过得失，要摒弃掉"给我多少钱，我就干多少的活"这种"看菜吃饭""量体裁衣"的思想，不能因为企业给得不到位而逃避责任，而是应该先付出，再得到回报，正所谓"有为"才"有位"。另外，也有一些经理人认为不是自己不愿意多承担责任，而是因为自己实在是没有权力，"不在其位，不谋其政"，因而无法承担其本职工作以外的责任。其实他理解错了，他以为先有权力后有责任，而事实往往是先有责任，后才会有权力，最后才会有利益。

任何想要"先有权"和"先得利"的想法，都是错误的。这都是在和上级谈条件，是上级最为反感的行为表现。上级会这么想："工作还没开始干，就先讲起了条件！这种人功利性太重，不能吃一点亏，不能受一点委屈，一定成不了大器。"那么，这些谈条件的经理人的发展前途也将会因此而断送。

有远见

高度决定视野，视野决定格局，格局决定胸怀。

既然是领导者，就应该比一般人站得更高，看得更远。

中国东汉末年，当时驻军新野的刘备在徐庶建议下，"三顾茅庐"才见到了诸葛亮。诸葛亮为刘备分析了天下形势，提出先取荆州为家，再取益州成鼎足之势，继而图取中原的战略构想。

由是先主遂诣亮，凡三往，乃见。因屏人曰："汉室倾颓，奸臣窃命，主上蒙尘。孤不度德量力，欲信大义于天下；而智术浅短，遂用猖蹶，至于今日。然志犹未已，君谓计将安出？"

亮答曰："自董卓已来，豪杰并起，跨州连郡者不可胜数。曹操比于袁绍，则名微而众寡。然操遂能克绍，以弱为强者，非惟天时，抑亦人谋也。今操已拥百万之众，挟天子而令诸侯，此诚不可与争锋。孙权据有江东，已历三世，国险而民附，贤能为之用，此可以为援而不可图也。荆州北据汉、沔，利尽南海，东连吴会，西通巴、蜀，此用武之国，而其主不能守，此殆天所以资将军，将军岂有意乎？益州险塞，沃野千里，天府之土，高祖因之以成帝业。刘璋暗弱，张鲁在北，民殷国富而不知存恤，智能之士思得明君。将军既帝室之胄，信义著于四海，总揽英雄，思贤如渴，若跨有荆、益，保其岩阻，西和诸戎，南抚夷越，外结好孙权，内修政理；天下有变，则命一上将将荆州之军以向宛、洛，将军身率益州之众出于秦川，百姓孰敢不箪食壶浆以迎将军者乎？诚如是，则霸业可成，汉室可兴矣。"

先主曰："善！"

刘备自起兵以来东征西讨，一直没有自己的安身之地，在听了诸葛亮的战略构想之后，立刻茅塞顿开。后来刘备在诸葛亮的辅佐之下，成立了蜀汉政权，形成了三分天下的鼎足之势。由此可见，有远见是领导者的必备要求，有时候我们自己不具备，但是可以通过重用能人、礼贤下士而获得。

衡量一个经理人的潜力的重要标准，应该看他的战略眼光如何，很难想象一个鼠目寸光、小富即安的经理人能够成为一个真正的领导者。

道农会,是由中国企业家俱乐部主办的跨界领袖年度聚会,被誉为"商届春晚"。企业家自比是"道农"。道生万物,万物载道。"道"的基本定义是规律;"农"在这里则是指劳作者。简言之,像农民那样观天象,察四时,通过朴实地认知规律、印证规律、播收规律之因果,探寻生命本质意义的人,是为"道农"。

多名知名商业领袖,都是这个聚会的常客。一帮成功的企业家们,欢聚一堂,不亦乐乎。

可见,成功的企业家一定是敬畏自然和尊重规律来行事的人,这也是我国古代所说的"道法自然"。通晓了规律,就能够预知未来,就可以有先发优势,在竞争中获得先机。时间是最宝贵的资源,商业机会往往是稍纵即逝的,能否比别人多看一步,就是能否获得成功的决定因素。

不要求所有的经理人都拥有政治家和企业家的战略远见,但是经理人也应该拥有与自己所在层级相适应的思维能力。比如,一名下属感到自己的职业发展没有前景,找到经理人并与经理人沟通,那么经理人就应该有能力通过对发展前景的分析和描绘来化解他的心结;如果经理人也说不出什么比下属更高远的见解,那么下属可能就会因此而失望和气馁,最终会选择离开。

在计划管理相关章节中,我们也论述过类似的问题。不同层级的经理人应该有不同的战略规划能力,示例如下。

(1)基层员工:做好一个任务,计划好1周。
(2)基层主管:管好一个小组,计划好1个月。
(3)中层经理:管好一个部门,计划好1个年度。
(4)高层总监或总经理:管好一个条线区域,规划好3年。
(5)集团领导:管好一个集团,预见和引领未来5~10年。

一个集团公司的 CEO 或者企业家，应该要看到更长远的未来，只有这样才能对未来的行业发展做出预测，才能让本公司的战略方向更加明确。我国有很多企业家担任政协委员、人大代表，他们都有向中央政府表达意见建议的机会。在参政议政的过程当中，他们具有一定的话语权，因此他们会影响和引领这个行业。

作为普通的经理人，我们也应该有意识地训练和强化自己的战略思维，不能"只是低头拉车，不抬头看路"。具体的提升战略思维的方法，包括关注国内外时事和行业动态，研读公司战略部署会议精神和相关文件，与企业高层、市场部门及技术部门进行交流等。

经理人还要培养危机意识，避免陷入"温水煮青蛙"的小富即安思想。我们可以经常问自己：未来我们要去哪里，我们要成为谁，我们要做到什么标准，我们要怎么去做等，来培养危机意识。

诚信

诚信，即因为真诚而获得信赖，是"言行一致"和"说到做到"的意思，"言必行，行必果"。汉字"诚"正好可以说明这一点：诚＝言＋成。很多学者认为，诚信是领导力的基石，如果没有了诚信，经理人也将失去领导力。

但是诚信容易做到吗？其实很难。说到做不到的情况十分普遍。一方面是因为我们说的时候没有自己思考，只是不经意地许下了一个承诺，属于信口开河；另一方面是因为我们说过了但是没有能力去兑现承诺。不论是哪种原因，当经理人失信于下属时，领导力都会受到折损。

我经常听到有些下属说自己的工作没有价值，自己没有成就感，"东一榔头，西一棒子"，好像天天都在打杂，很多工作做着做着就没了，没有结果，也没有责任，更没有获得奖励。其实，出现这种情况，我们不能怪罪于下属本身。这往往是经理人"朝三暮四""朝令夕改"的善变导致的。下属的成长和成就，通常来源于完成确定的完整工作。如果他们接受的工作任务是变化的、游移不定的，那么他们将无所适从，成长缓慢。

有时，经理人说"这个工作很重要"，但是不久就不了了之了。有时，经理人会说"这个工作十万火急"，下属加班加点才勉强在规定时间之内干完了，但是这时经理人又说不用着急。这样"虎头收尾"和"烽火戏诸侯"，也会导致下属丧失对经理人的信任。

当然，如果经理人故意隐瞒真相或者欺骗下属，那么会让下属更加厌恶经理人。我们来看一个真实的案例。

小王的年终奖

小王刚收到手机短信提醒，拿到两万块年终奖，她心里很高兴。但是，没过多久她就被叫到了经理办公室。

小王：经理，您找我？

范经理：哦，小王啊！你请坐。回家的火车票买好了吗？

小王：嗯，抢到了。

范经理：年终奖收到了吧？

小王：嗯，收到了。

范经理：找你就是想跟你解释一下奖金的事情。

范经理一边看着手上的部门人员奖金表，一边接着说。

范经理：这次奖金给你兑现的系数是2，也就是平时工资的2倍。你这个2的兑现系数啊，是我们部门员工中最高的了。你出去以后不要跟别人讲，也不要比。你还满意吧？

小王：还行吧。比我预期的多。

范经理：那就好。

小王：谢谢经理啊！

范经理：那你去忙吧。顺便帮我叫小周过来一下。

小王：好的。

小王起身，离开了经理办公室。

午休时间，三个同事在休息区闲聊。

小陈：小王，方案交了吗？

小王：还没有。估计还要1个小时吧。你哪天回老家啊？

小陈：我今年带爸妈去一趟泰国，暂时不回老家。你呢？

小王：我明天晚上的火车票。哎，你都出去玩啦？看来奖金没有少拿啊。经理跟你也沟通过了吧？我的兑现系数是2，感觉今年奖金还不错了。

小陈：不是吧。你诓（骗）我吧？我是新来的，我的系数都是2.5啊。

小王：啊？真的假的啊？

小陈：你自己看吧。

小陈递过手机，让小王看银行短信。小王看了一下，脸色顿时很不好看。

小王转过头来又问了在一旁打手机游戏的小周。

小王：小周，你奖金的兑现系数是多少啊？

小周：3。

小王听完，心里十分复杂。

从这个案例，我们可以想象到以后这群下属对他们的经理的信任度会一落千丈，以后他再讲什么话，下属都不会完全相信了。我们很难想象一群对上级不信任的下属还能死心塌地、全力以赴地工作。

信任，就像一个瓷花瓶，制造工序和过程十分复杂，但是只要你失手一次，就会把它打得粉碎，再也无法修复。

商鞅徙木立信

战国时期的秦国，其实是众多诸侯列国之中很平庸的一个国家，后来通过商鞅变法逐渐强盛，最后统一六国。在变法开始前，商鞅为了取信于民，他命人在南城门外放了一根木头，张榜告示：谁把这根木头搬到北城门，就能获得赏金。

因为官府以往经常失信于民，百姓们将信将疑，所以根本没人理会。后来有个人把这根木头扛到了北城门，然后官府就把赏金给了他。百姓们因为这件事情，对商鞅颁布的新法就更加信任了。因此,新法得以顺利推行,秦国也因此逐渐强盛起来。

这是商鞅变法的典故,谈的就是诚信的重要性。

有很多经理人,为了调动下属的工作积极性,往往会信口开河。

在我的培训课堂上,曾有一个店长讲述了自己的案例。

为了激励员工,他曾经对一名表现很好的下属说:"你好好干,等到我们马上开了二店,你就是那个二店店长。"下属听了之后,工作表现更加积极了。但是,两年过去了,这个传说中的二店却一直没开。

我问那个店长:"那个下属现在的工作状态怎样?你说话他还相信吗?"

他说:"不信了,他再也不相信我了。他现在闹着要离职呢!"

所以,我们不能轻易给下属承诺。如果承诺了,你就要想方设法去兑现,因为这是领导力影响因素中最核心的一个。

有的经理人心想,为了减少失信的现象,我们就少给下属一些承诺。其实我认为,不能轻易给下属承诺,但是也不能刻意减少对下属的承诺。因为承诺就代表了责任,减少承诺,就是在逃避责任。

在履行责任和兑现诺言的过程中,会出现各种未知的艰难险阻,有时候需要经理人克服困难,顶住压力,甚至有时候这种压力来自经理人的上级。因此,想要做到诚信,不仅仅需要善心和义举,更需要努力和拼搏。

有能力

人们为什么愿意听从医生和某个领域专家的意见呢?那是因

为他们掌握了更多的知识。他们知道我们不知道的，所以我们要听他们的；他们能搞定我们搞不定的事情，所以我们要听他们的。能力是领导力的重要基础。领导者增强自身的能力能给追随者带来信心。能力是成果的重要保障，而成果是获得利益的前提。追随者，需要获得或虚或实的利益。这种利益可以是物质利益，也可以是一个荣誉等。

不学无术，会让经理人的领导力大打折扣。试想一下，下属把一个工作中自己无法解决的问题反馈给我们，作为上级的我们却无计可施，那会是怎样的情形；再有一种情况，下属来请教工作问题，作为上级的我们反问几个问题或者给出指导，"三下五除二"就帮他找到解决问题的答案了，这又会是怎样的情形。下属对你的佩服程度肯定会有特别大的不同。

有一次，一位新上任的经理人在听完我的课之后，在教室门口向我提问："我是一个非业务出身的新经理，下属很多的业务问题我不是很懂，我该怎么办啊？"她显得很焦急。

我告诉她："首先，公司既然提拔你到这个岗位上，一定是有道理的，一定是你过去的工作态度、能力和绩效得到了认可。这也说明了你有一定的发展潜力。你要对自己有信心。

"其次，你要搞清楚新的岗位对你的要求是全面的，而不是单一的业务技能要求。你现在是一名经理人，你需要进行部门的综合全面的管理。业务技能的熟悉是需要时间的，不能太急。你现在可以做的就是，关心下属的工作和生活，积极支持他们的工作，在激励方面做到公平、公正。做到这几点，你作为一个经理，也就基本合格了。"

听完我的话，她似懂非懂。不过，我相信随着时间的推移，她最终会明白过来的。

这里我们所说的能力,主要是指和经理人所在岗位相匹配的胜任能力。在楚汉相争的故事中,项羽"力拔山兮气盖世",武艺高强,这是一种能力;刘邦虽然没有高强的武艺,但是他懂得谋略和网罗人才,重用张良和韩信等人。最终,刘邦打败了项羽建立西汉王朝。美国著名管理学学者罗伯特·卡茨(Robert Katz)告诉我们,经理人主要有三大技能:技术技能、人际关系技能和概念技能。根据这个划分标准,我们可以看出项羽所具备的能力只是匹夫之勇的技术技能,而刘邦具有的则是概念技能和人际关系技能。项羽之败,正是他自己的能力不足造成的。

胜任能力并不是与生俱来的,它需要成年累月的积累,正所谓"冰冻三尺非一日之寒"。对于经理人来说,保持一种持续学习的状态十分重要。如果说健身和美容是在美化我们的身体,那么学习就是在美化我们的思想和灵魂。当我们还是下属时,可能就经历了一万小时的业务专业技能学习积累,而现在我们进行管理能力的提升,同样也不是一蹴而就的。

如图9-3所示,美国人诺埃尔·蒂奇(Noel Tichy)把人的知识和技能层次划分为舒适区(comfort zone)、学习区(stretch/learning zone)和恐慌区(panic zone)。

图9-3 知识和技能层次划分

- 最里面的是"舒适区",对于我们来讲是习以为常或者是没有学习难度的事物,自己可以处于舒适心理状态,不用担心会有什么大的变化。
- 中间的是"学习区",对自己而言是有一定挑战且有一定的风险,虽然会感到不适,但不至于太难受。
- 最外面的是"恐慌区",对自己而言是超出了能力范围太多的东西,心理感觉会严重不适,可能导致崩溃以致放弃学习。

关于这三个层次,我们不妨打个比方来说明。

如果一个人已经能够熟练驾驶小汽车了,那么驾驶小汽车的能力要求就属于"舒适区"。如果让这个人去驾驶公交车,他通过自己的摸索和学习,在较短时间也是能够掌握的,驾驶公交车的能力要求则属于"学习区"。如果让这个人去驾驶飞机,那么驾驶飞机的能力要求则属于这个人的"恐慌区"了。

长期处于舒适区人会变懒惰,会退步,而让自己处于恐慌区,长期下去会使心理受到伤害,产生恐慌、害怕、自卑等,这两者对自身带来的伤害都是非常大的。所以对于一个人来讲,最理想的状态是处于"学习区",学习具有适当挑战性的东西,一段时间后,"学习区"会慢慢变为"舒适区","舒适区"越变越大,而一部分"恐慌区"也会相应变成"学习区"。

学习,不仅是获得能力的方法,也是永葆青春的法宝。衡量一个人是否已经衰老,主要看这个人是否已经停止学习,是否已经对新事物不再保持兴趣。作为领导者,要保持活力,保持学习状态,才能更好地迎接未来的新挑战。

睿智

睿智对于经理人来说，至少有三种含义：第一，睿智是指明辨是非，有判断能力；第二，睿智是指有自己的主见，不光听别人的；第三，睿智是指有决断力的，不会犹豫不决。

森林里生活着一群猴子，每天太阳升起的时候它们外出觅食，太阳落山的时候回去休息，日子过得平淡而幸福。有一天一只叫孟奇的猴子捡到一块手表，它准确地掌握了时间。很快它就成了整个猴群的明星，每只猴子都向它请教确切的时间，整个猴群的作息时间也由它来规划。孟奇逐渐建立起威望，当上了猴王。后来，它又拥有了第二块、第三块表。但更多的手表带来的不是更多的权力，而是更多的烦恼。因为每块手表显示的时间都不相同，孟奇不能确定哪块表上的时间是正确的，每当有猴子来询问时，孟奇总是支支吾吾不能给予确定的回答。于是，孟奇的威望大降，整个猴群的作息时间也变得一塌糊涂，最后它被赶下了猴王的宝座。

"行成于思，毁于随。"经理人不能仅仅依赖外部因素来做决策，不能丧失自我的判断能力。当我们丧失判断力和决策力的时候，领导力也将随之而去。

虽然人人都可以给我们提出意见和建议，但是最后做决策的一定只有我们自己。不听别人的意见是不行的，全听别人的意见也是不行的，不但要听别人的意见，还要分析别人意见背后的动机和利益诉求。

曹操八十万大军，讨伐东吴，兵临赤壁，东吴众谋士主张投降，孙权犹豫不决。诸葛亮对周瑜说，群臣投降了曹操还可以获得一官半职，但是孙权和周瑜投降了恐怕不仅仅是性命和职位，甚至连自己的老婆也难以保全。曹操之子曹植赋诗《铜雀台赋》侮辱东吴，"揽二乔于东南兮，乐朝夕之与共"。其本意是"二桥"，指"铜雀台"旁的两座桥，而"二乔"是指大乔和小乔两位美女，分别是孙权和周瑜的妻子。诸葛亮故意曲解意思，智激了孙权和周瑜。最终，孙权砍下桌角对属下众人说道"再有敢言降曹者当如此案"，就此下定了抗曹的决心。

这里江东群儒的立场不同，就是因为他们是出于对自身利益的考虑，而不是为了孙氏家族的江东基业，各自的出发点不同。

曾经有一位朋友向我咨询职业发展的问题，他说自己有一些创业的想法，很多人都支持这个想法，但是他的爱人不同意。我给他的建议是，那就听爱人的。我给出的理由是，所有"外人"给的关于创业的意见和建议，都是基于自己角度的、片面的，甚至是不负责任的，而自己的爱人是最了解自己的、最爱护自己的和最会从家庭全局去考虑问题的人。但是后来他没有听从我的意见，执意辞职创业而惨败。

这是一个决策失利和一意孤行的悲剧。

老子言："知人者智，自知者明。"孙子也讲："知己知彼，百战不殆。"

智 = 知 + 日（只知日，不知月）

明 = 日 + 月（既知日，又知月）

人们常常用"智"来说明一个人聪明，即智商高；人们也常用"明"来说明一个人智慧，即不仅智商高，情商也很高。智者，往往只知其一不知其二（比如上文说的"只知日，不知月"），只知其表不知其里，只知其然不知其所以然；明者，则能够世事洞明成学问，人情练达做文章。

经理人要善于辨识人的言外之意，不要光听表面的意思，要深究背后的动机和意图。每个人的立场、角度和出发点不同，对同一件的事情的看法和意见也往往各异。在工作中遇到问题时，经理人也不能只看到问题的表面原因，而是要深究根源。比如说某个员工迟到了，表面上的原因是忘记定闹钟，最深层的原因可能是公司对员工迟到考勤管理的重视程度不够。

人最难的是认清自己。人在头脑发热的时候会犯糊涂，所以要设法使自己冷静和清醒，尤其是在做重大决策的时候要"三思而后行"。凡事不妨在下定决心之后，再等一段时间，重新审视之后再行动。我们拥有多大的能力、多少的资源、多强的毅力等，都是需要自知的，需要量力而行，而不是嘴硬逞强。

"兼听则明，偏听则暗。"我们要想成为明智的人，就要多做调查研究，要勤劳不要懒惰，要开放不要封闭。同时，经理人也要清楚每个决策都是有风险的，没有百分之百正确的决策，不要苛求完美，只要大致方向正确，就勇往直前，在做的过程中不断修正和改进。

虽然说"睿智"很重要，但是有时候经理人表现出来的"不睿智"也很有学问。比如以下几种情况。

- 下属询问工作方法时，经理人要反问员工的想法，而不是直接给出答案；
- 下属来求助时，经理人可以假装看不见，不予理睬，让他们放弃依赖心理，学会自己独立承担责任；
- 下属获得成绩后得意自满时，经理人故意不予表扬，为的是让他们不至于"尾巴翘起来"。

有时候经理人假糊涂，反而成就了下属的成长。这也是"难得糊涂"的道理。有一个观点认为，经理人过于聪明，会影响到自身的领导力，细细分析，十分有道理。当遇到问题的时候，如果第一个想出解决办法的人是经理人，那么下属就没有锻炼和成长的机会。如果经理人能力很强很全面，往往就很难虚心和低姿态，就无法了解下属的想法和思想的深度，也无法体察到他们的情绪和情感状况。经理人过于聪明，会使得下属具有很强的挫败感。下属工作中的任何问题和瑕疵，都逃不过经理人的眼睛，如果他的胸怀不足够宽广的话，这也会让经理人感到烦恼。

因此，睿智不仅仅是只有超群的智商，还应该具有出众的情商。睿智的经理人不可以真糊涂，但可以装糊涂。睿智的经理人有时候不是一名英雄，而更像一名演员。睿智的经理人常常要像猫头鹰一样，"睁一只眼闭一只眼"。

有激情

一想到激情我们就可能会想象到这样一个画面，人们风风火火、喊着口号、充满能量的样子。我想这可能理解错了，这里面讲的激情主要谈的是遇到问题以后有坚强的韧性，有乐观积极向上的精神，相信未来一定很美好。遇到任何问题都会想到要用很好的方法去解决它，是正向积极的一种状态，正能量的状态。

"因为相信所以看见，因为启程所以达到。"

因为，我能看到未来，所以我想实现战略，眼前遇到的小坎坷算不了什么。很多人只关注于人生的坎坷，却不能体会到生命的波澜壮阔。经理人应该要有长远眼光，对未来充满信心，从不轻言放弃，只有这样才能激励和感染团队的其他人。如果经理人消极颓废，患得患失，对未来将信将疑，那么势必会导致下属的迟疑和悲观情绪。

大家可能听说过这样一个故事,叫"秀才赶考"。

秀才来到京城赶考,住在一家客栈里面,考试前两天做了三个梦,他就跑到街上去算命,算命先生给他解梦说道,三个梦都不吉利。这三个梦,分别是什么呢?

"第一个梦是什么?""我梦见自己在墙头上面种白菜。"算命先生说:"这个墙头上面,那么一小条的地方,风一吹,鸟一啄,种白菜肯定没有戏,所以你这次考试估计没戏,不吉利。第二个梦呢,第二个梦是什么呢?""下雨了,我戴着斗笠打着伞,算命先生说:"你这个更加没戏,为什么呢?你这个多此一举啊,对吧,你戴着斗笠还打着伞,很显然是多此一举。第三个梦是什么呢?""我和心爱的这个姑娘遇见了,但是擦肩而过""那你这不是没戏吗?"

秀才听完了解梦之后,垂头丧气地回到客栈,准备收拾东西走了。这时候客栈的小二看到了。

小二说:"哎,客官你为什么刚过来还没考试就要回去呀?"

秀才道出原委。小二说:"是这样的,我最近也在学解梦,我可以试着帮你解一解。"

于是,小二说道:"第一个梦,别人在地上种白菜,你在墙头上面种,你比别人高啊。你在高处种,是高中啊!是大吉啊!第二个梦,你戴着斗笠还打着伞,你这叫有备无患,双保险啊,你这一次肯定能够高中啊!这也是吉利的。第三个梦,你和她一见钟情,但是擦肩而过,说明你转身的机会到了!你华丽转身的机会到了!也是大吉大利啊!"

秀才听完以后觉得言之有理,便留下来参与考试,最后得了第三名。

这个故事其实说明了一个道理,"积极的人像太阳,照到哪里哪里亮;消极的人像月亮,初一十五不一样"。对于同样的一件事,可能不同的人有不同的看法,但是作为领导者,你必须要不忘初心、心怀梦想、坚定信念,只有这样才能够激励下属团队继续向前,逢山开路,遇水搭桥,取得最后的胜利。

领导者必须要有这种激情。"前途是光明的,道路是曲折的""星星之火,可以燎原",革命家的这些经典语录,都是革命乐观主义精神的重要体现。激情,来源于信心,来源于对未来的热情向往。

激情有时候也来源于强烈的责任心和使命感。很多企业家夜以继日地工作,不觉得疲倦、劳累和辛苦,他们体会到的是一次又一次目标达成的成就感和喜悦感。这种成就感和喜悦感,又激发着他们更加努力地工作。他们体会到的是自我价值实现的巨大满足感,是一种高峰的体验。

我们不禁要问问自己,我是为什么而工作?每天早晨叫醒我们的是闹钟还是梦想?

从根本上来说,有激情的人和消极被动的人最大的区别就在于关注事物的不同,消极被动的人更多关注的是自己无能为力的部分,而有激情的人更多关注的是通过自身努力去改变的机会和能力。

我们以自我评价和外部环境两个维度来评价,可以把人分成四种(见图9-4)。

		外部环境	
		环境不利	环境有利
自我评价	自信	革命者(变革)	创新者(创新)
	不自信	完美主义者(应对)	保守主义者(维持)

图9-4 四种人

- 第一种人是革命者。他们自信,面对不利的外部环境,他们会奋起抗争,进行变革,用行动去改变现状。
- 第二种人是创新者。他们自信,面对有利的外部环境,他们就会进行创新,进一步去营造更好的氛围。
- 第三种人是完美主义者。他们不自信,面对不利的外部环境,他们只会量力而行,精准出击,做到独善其身的生存底线。
- 第四种人是保守主义者。他们不自信,面对有利的外部环境,他们只会谨小慎微,力图维持现状,做到小富即安。

环境是否有利,是我们可以直接通过观察获得的,是否自信也是我们可以自我体察到的,而且两者都是可以不断变化的。环境的变化,往往是我们不能选择的,但是自我内心的自信却是我们自己可以选择的。

有人说,自信与否是天生的。我不同意这样的观点。婴儿刚刚出生,就存在一些先天的个性差异,有的会更安静,有的会更吵闹和更好动。但是后天的成长经历会让他们的个性呈现更大的区别。有研究表明,在爱和鼓励中成长的孩子会显得更自信,相反,在被遗弃和被否定的环境下长大的孩子,大多显得更自卑。自信的人更开放,愿意敞开胸怀拥抱世界;自卑的人更封闭,把自己包裹得严严实实。

作为经理人,如果要成为真正的领导者,我们就必须拥有更加强大的自信,表现出更强的自信行为,要成为一名革命者和创新者,而不是完美主义者和保守主义者。

有胸怀

"海纳百川,有容乃大""宰相肚里能撑船""江海不拒细流,故能成其大",这些都在说明个人尤其是领导者要有胸怀。

我刚大学毕业参加工作时,一位上级曾经跟我讲过一句话。他说,如果你的肚量只能容得下一个人,你就只能自己一个人单干;如果你能容得下两个人,那你就可以开一个夫妻店;如果你能容得下十几个人,你就可以开一家公司;如果你能容得下更多的人,那么你就可以做更大的生意。胸怀决定了格局。他的话至今仍然让我很受启发。

"心有多大,舞台就有多大。"胸怀决定了格局。

有胸怀的体现之一:包容别人的缺点

"水至清则无鱼,人至察则无徒""知错能改,善莫大焉",都说明了宽容的重要性。

"金无足赤,人无完人。"每个人都有自己的缺点和不足。经理人要善于发现下属的优点,包容缺点。德鲁克就主张要用人所长。他说企业都想只雇用员工的"一双手",可是不得不照顾员工的每"一张口"。同理,我们不能割裂地看待一个人的优点和缺点。

很多时候缺点恰恰是优点的延伸。有的人很关注细节,就导致全局观不够;有的人思维敏捷、口若悬河,但是执行落地能力却显得相对不足;有的人对工作要求严格,却被人们说成是不近人情;有的人过于关注客户的需求,却丧失了自己的原则等。

"以怨报怨"还是"以德报怨",这是经理人需要做出的选择。

19世纪的巴黎,贫苦的冉·阿让为了挨饿的孩子去偷面包,结果被法官判处19年的苦役。出狱后,走投无路的冉·阿让被好心的米利埃主教收留过夜,却偷走了主教的银器潜逃,后被警察捉回。主教声称银器是送给他的,使冉·阿让免于被捕。主教的言行感化了冉·阿让，从此他化名马德兰，洗心革面奋发向上，10年后成为成功的商人并当上市长。

法国作家雨果《悲惨世界》中的主角冉·阿让从囚犯到市长的身世变迁，在面对典狱长不依不饶的追查，在面对社会和人生的不公正对待时，仍然选择了原谅。这得益于他偷窃银器被原谅时心底被播下的宽恕的种子。

经理人，不能揪着下属的错误不放，也不能用一成不变的眼光看人，要能够看到下属的长处和优点，要选择相信他们。只要不是原则性的问题，就不必太过苛刻，不依不饶。如果是原则性的问题，就要依照"火炉法则"严加处置。对下属的错误，我们要做到刚柔并济，恩威并重。

值得注意的是，宽恕人不是为了抓住把柄要挟人和控制人。有些经理人喜欢为一些犯了原则性错误的下属文过饰非，进行袒护，以获得这些下属的忠心。这些下属确实因为自己的把柄落到了上级的手里，不得不俯首帖耳、马首是瞻，但是他们却丧失了尊严，很难再抬起头来重新做人。因此，宽恕是为了改造人和成就人。

除了记仇，更让下属反感的还有经理人对下属的不信任。授权是表达信任的最高表现之一，前文中也有充分的说明。

有胸怀的体现之二：胸怀源于爱

孔子说"仁者爱人"，君子应该心怀仁爱之心。经理人，也应该关心爱护自己的下属，这样才能得到下属的尊敬和爱戴，这也是"投桃报李"的道理。虚情假意、玩弄权术，都无法获得人心，只有付出真心才能获得真心的回报。

比如说，部门需要在两位下属中间挑选一位新主管：小张能力强，贡献大，但是平时工作中常常提出自己不同的见解；小李能力一般，但是平时对上级言听计从。我们该提拔谁呢？

很显然，大部分经理人喜欢言听计从、千依百顺的小李，不喜欢"唱反调"的小张。如果我们提拔了小李，那就是对小张的不公平，同时也反映了经理人自己的心胸不够宽广。任人唯贤，还是任人唯亲，这是显而易见的道理。对于想要成就更大职业理想的经理人来说，就应该爱惜人才，选择那些能力强、贡献大的人进行重用，就应该不计前嫌、不拘一格地用好"唱反调"的高潜力人才。

妥协，不等于退让和懦弱，而是一种仁慈；妥协也不等于无底线，而是一种豁达；妥协更不是愚钝，而是一种高明的智慧。

当我们拥有更高远的战略视野，有了更强的综合能力，有了更多自信心时，那么拥有宽广的胸怀就应该是水到渠成的事情了。

如果一个经理人能够兼具以上这7种优秀的特质，那么他还可能不是一位好经理和领导者吗？然而，这些品质的修炼过程是循序渐进的过程，是不断否定自我的过程，是"成长如蜕"的过程，需要经理人恒久坚持。

领导力修炼有哪些阶段

一个人的领导力修炼会经过哪几个阶段？是否有些现成可循的路径和模型呢？下面我们将进行逐一的探讨。

三阶段模型：从"依赖"到"领导"

最常见的个人领导力修炼的模型就是史蒂芬·柯维（Stephen R. Covey）提出的《高效能人士的7个习惯》。这个模型已经风靡全球有 20 多年的时间，它重要的贡献就是指导一个人走向自我的成熟（见图 9-5）。

图 9-5　高效能人士的 7 个习惯

先从依赖别人的状态成长为独立的自我，再从独立的自我成长为和别人互相依赖的人。这里相互依赖的人，也可以理解为能和他人合作，并承担一定责任的人，也就是一个有一定领导力的人。

这个修炼的过程关系就涉及 7 个习惯。每个习惯都是往上进步成为领导者必经的阶梯。

这 7 个习惯分别是：

习惯一：主动积极。采取主动积极的态度来面对人和事情，遇到困难不抱怨，多想着如何通过自身的行动来改善和解决问题，保持自己处于正能量的状态。

习惯二：以终为始。做事情要先明确目标方向和结果要求，然后倒排计划，朝着既定的方向前进，也就是"不忘初心"。

习惯三：要事第一。分清轻重缓急，把重要的事情放在第一位，不要被其他琐碎的事情干扰，做好合理的时间安排，提高自身的工作效率。

习惯四：双赢思维。在人际交往中，不要只想着自己获得多少好处，还应该学会换位思考，要善于通过谈判协调来达到双方的共赢。通俗地说，就是共同把蛋糕做大，每个人可以分得更多。

习惯五：知彼解己。在人际交往中，要注意体察他人的情绪，努力做到设身处地地理解他人，很多时候需要先处理情绪再处理事情；通过开放的沟通促进相互了解，进而使得合作更加顺畅和高效。

习惯六：统合综效。个人的力量是有限的，人们需要学会在团队中工作，学会用自己有限的能力去整合无限的资源，进而达到工作绩效 1+1>2 的效果。

习惯七：不断更新。每个人都需要不断地学习，通过学习改善自己的理念和价值观，让自己变得更加成熟和完善。

前 3 个习惯，帮助人们从依赖变得独立；第 4～6 个习惯，帮助人们从独立走向相互依赖，具有一定的领导力；第 7 个习惯，告诉人们学无止境，人生就是不断修炼和完善自我的过程。

后来，史蒂芬·柯维又提出了高效能人士的第 8 个习惯。

习惯八：从心所欲。找到自己内心的声音，帮助他人找到内心的声音，并且遵循内心的声音去行动，以达成共同的超越——从高效能到卓越。这个习惯，大致的意思就是孔子所说的"从心所欲"。这个习惯可以指引经理人们，在前面 7 个习惯的基础之上修炼，以达到完全意义上的领导者的状态。

综上，一个人从依赖到独立，从独立到合作，从合作到领导，这是一个清晰的领导力晋级过程。领导他人之前要能够先领导自己。从领导自己到领导他人的过程，也是自我成长的过程。领导，就是自我成长。领导力，也是自我成长的能力。

四阶段模型：从"修身"到"平天下"

我国古代也有一些非常有价值的领导力的理念和模型，下面我们就对《礼记·大学》中的模型做一个说明。这个模型也得到了国外学者的极大认可。《大学》更是被奉为经典，自宋朝开始就被编入了"四书五经"，并作为教科书一直沿用至清朝。

> 大学之道，在明明德，在亲民，在止于至善。知止而后有定，定而后能静，静而后能安，安而后能虑，虑而后能得。物有本末，事有终始，知所先后，则近道矣。古之欲明明德于天下者，先治其国；欲治其国者，先齐其家；欲齐其家者，先修其身；欲修其身者，先正其心；欲正其心者，先诚其意；欲诚其意者，先致其知；致知在格物。物格而后知至，知至而后意诚，意诚而后心正，心正而后身修，身修而后家齐，家齐而后国治，国治而后天下平。自天子以至于庶人，一是皆以修身为本。其本乱而末治者否矣。其所厚者薄，而其所薄者厚，未之有也。此谓知本，此谓知之至也。

原文的大意是，君子要成就自己的人生，关键在于将正确的思想发扬光大，在于解放民众的思想，一直坚持力争达到最好的状态。这就需要我们静下心来学习思考，进而感悟有所得。所有的事物都有因果、始末，如果搞清楚它们的先后关系，那么就接近真理了。要先体察和认知客观世界，掌握各种规律和知识，尊重规律敬畏，下定决心确立志向，管理好自己的言行，照顾好自己的家人，治理好自己所在的地区，最终实现影响整个国家和全社会的理想。

从这里我们不难发现，"格致诚正修齐治平"的过程就是一个人不断成长的过程。从一开始懵懂无知的人，到一个有了知识的人，再到有理想信念的人，再到一个独立自主的人，再到一个担负家庭责任的人，再到担负治理地方责任的人，最终到了担负治理一个国家责任的人，这不就是一个人的领导力发展过程吗？

格物，是指一个人体察客观世界的过程。人们用各种的感觉系统，包括视觉、听觉、嗅觉、味觉、触觉等，去体验外部的刺激，进而感知这个世界的过程。比如我们看到各种颜色形状，听到各种声音，闻到各种气味，尝到各种味道，体察到各种温度和力量等。

致知，是人们在体悟感知这个客观世界的基础上，通过思考等过程，了解了事物背后的逻辑关系，进而掌握了客观的一些规律。比如说：太阳会从东方升起从西方落下，我们眼睛看到的是"格物"。我们分析出来地球自转产生了东升西落的现象，我们知道了这个规律和原理，这就叫"致知"。

诚意，是指我们要对所体悟和认知的规律表示尊重和敬畏。只有天时地利人和，才能顺风顺水。

正心，是要找到你自己的志向，并且矢志不渝。这是"世界观、人生观、价值观"三观的确立。

修身，就是要控制自己言行举止，做到不违法，不失德，并且要修炼自己的高尚品德，做到"慎独"——即使没有人监督，也能表里如一。

齐家，就是承担起照顾好家庭和家族成员的责任，最好能光宗耀祖。

治国，就是把自己的封地治理好。在我国古代，国不是一个现代意义的国家。那时的诸侯国的大小大致相当于现在一个或者几个省的大小。

平天下，就是指把国家治理好，为国家社会精忠效力。

从今天的角度来看，这个"修身、齐家、治国、平天下"的模型对于经理人的成长仍然有现实的借鉴意义。

修身，即自我管理，管理好自己的言行举止和行为习惯。

齐家，管理和服务好身边的人。在工作中，身边的人可能是一个部门或者一个团队。

治国，管理和服务好一个公司、一个区域分公司或者一个业务条线的事业部等。

平天下，管理和服务好一个行业或者一个领域，成为这个领域的引领者或者意见领袖。

西方学者彼得·圣吉就曾赞誉到"大学之道"的思想内容，"没有其他的定义，能够超越这段话对于塑造一个再生型全球社会的领导力使命的定义"。

"穷则独善其身，达则兼济天下。"这就是中国自古以来的"君子之道"，就是古代"士人"（职场人）的责任担当意识的集中体现。"老吾老以及人之老，幼吾幼以及人之幼"也体现了"将心比心"和"己所不欲勿施于人"的朴素领导力修炼原则。

五阶段模型：从"员工"到"领袖"

什么是"5G领导力"？

说到"5G"很多人会想到华为和5G技术，但是我们要谈的

"5G"和技术无关,而和"领导力"有关,和企业的人才培养有关。

"5G 领导力"中的"5G",就是 5 个"good",也就是"5 好"。5 个 good 分别是:good worker 好员工、good coach 好教练、good manager 好经理、good boss 好高管、good leader 好领袖。

根据"5G 领导力"培养体系,每个经理人层级的职能定位和能力要求都各不相同,各阶段领导力课程也有本质差异。

(1)好员工,重点要解决的是"职业素养"的问题;
(2)好教练,重点要解决的是"言传身教"的问题;
(3)好经理,重点要解决的是"用人成事"的问题;
(4)好高管,重点要解决的是"全面掌控"的问题;
(5)好领袖,重点要解决的是"自我修炼"的问题。

第 1 个"G",是指 good worker,成为一名好员工。

这个阶段我们需要完成从新人到员工的角色转变。一个初入职场的新员工,往往"初来乍到,摸不着门道"。我们对于企业是什么,企业对人的要求是什么,自己应该怎么做,基本上都是"两眼一抹黑"。同时,当企业对我们进行管理时,我们往往会因为不理解而产生逆反心理和抗拒行为。我们自己并不知道,从企业角度来看,这个阶段的我们缺乏基本的职业素养和岗位技能,不是在创造价值,而是在增加企业成本和负担。

新人职业素养缺乏,主要表现为:违反公司规定的行为(如迟到早退、着装不规范等)、任性或情绪化、缺乏责任心、缺少团队合作精神等。同时,也缺乏基本的自我管理技能,比如时间管理、人际沟通、压力管理等能力。

第 2 个"G",是指 good coach,成为一名好教练。

这个阶段的我们需要完成从员工到教练的角色转变。当员工能够顺利完成从新人到老人的过渡时,他的职业素养和自我管理技能大多会得到极大的提升。这个阶段，我们已经成长为各个岗位的骨干人员，或者已经成为经理人的后备梯队。虽然我们此时还没有晋升为管理者，但是已经需要承担一些协助管理的工作了。在这些协管工作中，最重要的就是带教新人。

这个阶段的我们已经是一名教练，我们需要具备基础的领导技能，主要包括如何对新人进行工作的指导，如何对新人进行思想教育和引导，以及如何教会新人新的工作技能等。

第 3 个"G"，是指 good manager，成为一名好经理。

这个阶段的我们需要完成从教练到经理的角色转变。教练需要的是"传道、授业、解惑"，但是经理就没有教练那么"仁慈"了，我们需要"用人成事"。教练的职责是培养人、成就人，但是经理则需要下属帮助自己达成好的工作绩效。可以说经理为了达成高绩效，需要使出全身解数，当然也很难保证会对下属一直"和颜悦色"了，所以"慈不掌兵"就成了对经理的基本要求了。

经理不能仅凭自己的一己之力来应对绩效的巨大压力，还必须要整合上下左右各方的资源来完成任务。经理需要掌握目标分解、计划管理、团队建设（包含员工选拔、培养、激励和评估等）、辅佐上级和跨部门协作等能力。

第 4 个"G"，是指 good boss，成为一名好高管。

这个阶段的我们需要完成从经理到高管的角色转变。经理所管辖的部门总体规模不大，业务职能相对单一，所负责的可能只是全公司业务中的一两个板块，但是成为高管以后情况就完全不同了。高管往往需要掌握一个独立公司、一个事业部或一个区域公司。一家独立公司是"麻雀虽小，五脏俱全"，各个职能板块的业务都要全面统筹管理。

对于新任高管来说，这是一个巨大的挑战。原来我们大多只懂一两个职能板块的业务工作，对其他职能板块一窍不通，现在我们还需要懂得财务、法务、人事、信息、公共关系和社会责任等；原来我们只需要考虑好某一个时间段的业绩达成即可，现在却要规划业务的更长期的发展。我们总是觉得自己懂得太少，什么都需要学习。

第 5 个"G"，是指 good leader，成为一名好领袖。

这个阶段的我们需要完成从高管到领袖（领导者）的角色转变。企业高管们从职位上来看已经属于最顶层了，我们习惯了通过自己的职位权力和资源等方式来管理业务和团队。但是伴随着层级的跃迁，我们往往会发觉自己越来越忙，也越来越孤独，没有人可以帮助我们，也没有愿意和我们说实话。我们的压力值达到了顶峰值，也完全丧失了自由，我们已经记不起当时做中层经理时获得成就，做教练时受人尊敬，和做员工时受人赞赏的那种满足感。

这时候的高管们才领悟到，自己的领导力似乎出了问题。如何才能"从心所欲"，带领团队获得持续的胜利？如何才能获得下属们由衷的尊敬和感激？如何帮助追随者成为更好的自己，帮助他们实现自我价值？此时，我们或许才意识到自己需要进行领导力的修炼。

综上，"5G 领导力"培养体系，也可以称为"5G 领导力地图"，能够适应绝大部分经理人的个人领导力发展需求，也是大型企业构建领导力培养体系的有效参考。同时，因为中小企业的管理层级少，体系构建时有些层级可以进行重新整合，比如说：领导与高管的合并，经理和教练的合并。但是这种整合是复杂的，最适合的领导力培养体系的构建，必须建立在对企业情况充分了解的基础之上。

·本章小结·

有领导力的人，才能被称为真正的领导者。

领导力是一种管理人的高级需求的能力。

领导力修炼的常见方式：读万卷书、行万里路、阅人无数、明师指路、自己感悟和刻意输出。

受人尊敬的领导者必备的 7 种特质：责任担当、有远见、诚信、有能力、睿智、有激情、有胸怀。

"责、权、利"三者，"责任"是前提。

高度决定视野，视野决定格局，格局决定胸怀。

诚信是领导力的基石，如果没有了诚信，经理人也将失去领导力。

学习，不仅是获得能力的方法，也是永葆青春的法宝。

睿智的经理人常常要像猫头鹰一样，"睁一只眼闭一只眼"。

激情源于强烈的责任心和使命感，因为看见，所以相信，因为行动，所以达到。

三阶段模型：从"依赖"到"领导"，依赖—独立—合作—领导。

四阶段模型：从"修身"到"平天下"，修身—齐家—治国—平天下。

五阶段模型：从"员工"到"领袖"，员工—教练—经理—高管—领袖。

后 记

　　从经理到好经理的跃迁，是一个脱胎换骨的过程。好经理不再单纯依赖职位权力让人"威服"自己，而是要依靠自身的人格魅力让人"德服"自己。"威服"只是"阳奉阴违"，"德服"则是"心服口服"。好经理，就应该以德服人，以情动人，做到对人的高级需求的激发、引导和满足。

　　"我追随你，我才能成为更好的自己，才能成为那个我想成为的自己。是你让我知道了自己的使命和人生价值，你让我变得自豪而伟大。"当追随者这样说时，我们就已经登上了领导力的顶峰。当然，届时你也不会在乎这些称颂和赞誉，因为你为追随者所做的一切不是出于某种特定的目的，而是发自内心的认同和热切向往，你已经达到了"从心所欲"和"道法自然"的境界了。

　　《左传·襄公二十四年》，晋国执政者范宣子问鲁国大夫叔孙豹："古人有言曰'死而不朽'，何谓也？"叔孙豹说："豹闻之，太上有立德，其次有立功，其次有立言，虽久不废，此之谓不朽。"

　　上文大意是，古人追求人生价值主要体现在三个方面：立言、立功、立德。立言，就是指提出具有真知灼见的言论，著书立说，启发和教导后人。立功，就是为国家和民众建立功绩，在有生之年做成对社会有价值的重大成就。立德，就是树立高尚的道德，通过自己的言行举止来成就别人的幸福，弘扬社会的大爱。

中国古人追求人生的"三不朽"，如果能够达到其中一个修行结果，便可以实现人生的不朽。那么作为好经理，我们的追求究竟是什么呢？这是一个永恒的话题，只是这个话题的内涵一直发生着变化。我们不能因为走得太匆忙，而忘记了来时的路和要去的地方。因为看见，所以相信；因为启程，所以达到。

从"修身"到"平天下"再回到"修身"的过程，是一次领导力修炼的高层次回归。

正如美国作家海明威所言："优于别人并不高贵，真正的高贵应该是优于过去的自己。"愿我们一起在成为好经理的路上相伴成长，最终修成正果：从心所欲，桃李成蹊！

致　谢

本书的成稿和出版得益于很多人的关心、指导和帮助,我在此向他们表示感谢。

感谢武汉理工大学、南京师范大学及加州大学河滨分校的教授们给了我的人文社科及工商管理类知识的积累,相关恩师有:孟芳斌、高鸣放、成元君、吴先超、秦琴、潘镇、李金生、顾建平、李政军、徐永明、张继彤、涂忆柳、潘星等。

感谢在职业发展过程中给予我帮助的企业界领导和前辈,他们给我了企业管理实践的机会,相关导师有:孟祥胜、罗波、陈伟、田健、尹晓明、袁大鹏、邓衍亮、马楠、刘澜、卫全华、刘子熙等。

感谢在蹊成领导力®品牌创立发展过程中,给予我们坚定支持的客户及朋友:陈亮、吴卫军、肖子龙、郭蓓蓓、徐向松、嫣然、赵泽、王梦鸿、夏春菊、储朝禹、王宗强、许闪光、孙玲燕、管潇云、张焰、周经邦、张强、王俊杰、陈然、孙园园、吉祥、朱洪曦、刘殊、王枫、荣卫林、范远飞、张立、朱鸿飞、罗涛、洪阳、王艳、王连昌、冯文涛、布玉霞、汤彪、甘建锋、顾洪峰、李燕、朱悦黎、张金鑫等。

感谢机械工业出版社华章分社的郭超敏、李万方、李文静三位编辑为本书出版提供直接的帮助。

特别感谢我的爱人朱萍女士,没有她的支持就没有此书。

主要参考书目

[1] 老子. 道德经 [M]. 合肥：安徽人民出版社，1990.
[2] 孔子弟子等. 论语 [M]. 北京：中华书局山版社，2006.
[3] 曾参. 大学 [M]. 北京：中国纺织出版社，2007.
[4] 左丘明. 左传 [M]. 太原：山西古籍出版社，2004.
[5] 韩非. 韩非子全书 [M]. 北京：长安出版社，2009.
[6] 司马迁. 史记 [M]. 北京：中华书局，2013.
[7] 陈寿. 三国志 [M]. 北京：中华书局，2011.
[8] 罗贯中. 三国演义 [M]. 北京：人民文学出版社，1998.
[9] 雨果. 悲惨世界 [M]. 北京：人民文学出版社，1992.
[10] 石川馨. 质量管理入门 [M]. 北京：机械工业出版社，2016.
[11] 赫茨伯格. 工作的激励因素 [M]. 北京：中国人民大学出版社，1959.
[12] 梅奥. 工业文明的人类问题概述 [M]. 北京：电子工业出版社，2013.
[13] 马斯洛. 人的动机理论 [M]. 北京：华夏出版社，1987.
[14] 麦格雷戈. 企业的人性面 [M]. 北京：中国人民大学出版社，2008.
[15] 科尔伯. 体验学习——让体验成为学习与发展的源泉 [M].

上海：华东师范大学出版社，2008.
[16] 德鲁克. 管理的实践 [M]. 北京：机械工业出版社，2009.
[17] 德鲁克. 卓有成效的管理者 [M]. 北京：机械工业出版社，2019.
[18] 科尔伯. 体验学习——让体验成为学习与发展的源泉 [M]. 上海：华东师范大学出版社，2008.
[19] 科维. 高效能人士的七个习惯 [M]. 北京：中国青年出版社，2010.
[20] 库泽斯等. 领导力：如何在组织中成就卓越（第 6 版）[M]. 北京：电子工业出版社，2018.
[21] 白金汉等. 首先，打破一切常规 [M]. 北京：中国青年出版社，2012.
[22] 刘澜. 领导力沉思录 [M]. 北京：中信出版社，2009.
[23] 科维. 高效能人士的八个习惯 [M]. 北京：中国青年出版社，2010.
[24] 查兰等. 领导梯队：全面打造领导力驱动型公司 [M]. 北京：机械工业出版社，2011.
[25] 麦克斯维尔. 领导力发展的 5 个层次 [M]. 北京：金城出版社，2017.
[26] 黄大伟. 领导力的"霸道""仁道"和"圣道" [J]. 中外管理，2020(4):84-86.

推荐阅读

清华大学经济管理学院领导力研究中心主任
杨斌教授 担当主编 鼎力推荐

应对不确定、巨变、日益复杂且需要紧密协作挑战的管理沟通解决方案
沙因组织与文化领导力系列

谦逊的魅力
沙因 60 年咨询心得

埃德加·沙因（Edgar H. Schein）

世界百位影响力管理大师 斯坦福社会心理学硕士 哈佛社会心理学博士
企业文化与组织心理学领域开创者和奠基人

恰到好处的帮助
人际关系的底层逻辑和心理因素，打造助人与求助的能力，获得受益一生的人际关系

谦逊领导力
从人际关系的角度看待领导力，助你卸下独自一人承担一切的巨大压力

谦逊的问讯
以提问取代教导，学会"问好问题"，引导上下级的有益沟通，帮助组织良性运作，顺利达成目标

谦逊的咨询
回顾 50 年咨询案例，真实反映沙因如何从一个初出茅庐的实习生成长为成功的咨询大师，感受谦逊的魅力，为组织快速提供真正的帮助

欧洲管理经典 全套精装

欧洲最有影响的管理大师
（奥） 弗雷德蒙德·马利克 著

超越极限

如何通过正确的管理方式和良好的自我管理超越个人极限，敢于去尝试一些看似不可能完成的事。

转变：应对复杂新世界的思维方式

在这个巨变的时代，不学会转变，错将是你的常态，这个世界将会残酷惩罚不转变的人。

管理成就生活（原书第2版）

写给那些希望做好管理的人、希望过上高品质的生活的人。不管处在什么职位，人人都要讲管理，出效率，过好生活。

管理：技艺之精髓

帮助管理者和普通员工更加专业、更有成效地完成其职业生涯中各种极具挑战性的任务。

战略：应对复杂新世界的导航仪

制定和实施战略的系统工具，有效帮助组织明确发展方向。

公司策略与公司治理：如何进行自我管理

公司治理的工具箱，帮助企业创建自我管理的良好生态系统。

正确的公司治理:发挥公司监事会的效率应对复杂情况

基于30年的实践与研究，指导企业避免短期行为，打造后劲十足的健康企业。